民國文存

20

中国国文法

吴 瀛 编

知識產權出版社

《中國國文法》全書包括論字、釋句和辨文三部分。論字部分主要是將漢字的種類界定為七種，舉古書中的各種例子加以論證，並著重對《孟子》一書的語言進行分析；釋句部分對句讀和辭分類，並詳加論述；辨文部分包括文體之別與文類之別兩部分，分別從文體和文類對文章分類，並舉例說明。此外，全書每章都附有練習題。

本書是了解民國時期中國語法發展狀況的重要參考資料，適合相關領域的研究者和學習者參考與閱讀。

責任編輯： 文　茜　　**責任校對：** 谷　洋　　**動態排版：** 賀　天
特約編輯： 高洪菊　　**責任出版：** 劉譯文

圖書在版編目（CIP）數據

中國國文法/吳瀛編.－北京：知識產權出版社，2014.11
（民國文存）
ISBN 978-7-5130-1552-3
Ⅰ.①中…　Ⅱ.①吳…　Ⅲ.①古漢語—語法—研究　Ⅳ.①H141
中國版本圖書館 CIP 數據核字（2012）第 227596 號

中國國文法

Zhongguo Guowen Fa

吳瀛　編

出版發行：知識產權出版社有限責任公司

社　　址：	北京市海澱區馬甸南村 1 號	郵　　編：	100088
網　　址：	http://www.ipph.cn	郵　　箱：	bjb@cnipr.com
發行電話：	010-82000860 轉 8101/8102	傳　　真：	010-82005070/82000893
責編電話：	010-82000860 轉 8342	責編郵箱：	wenqian@cnipr.com
印　　刷：	保定市中畫美凱印刷有限公司	經　　銷：	新華書店及相關銷售網站
開　　本：	720 mm×960mm　1/16	印　　張：	18.5
版　　次：	2014 年 11 月第一版	印　　次：	2014 年 11 月第一次印刷
字　　數：	234 千字	定　　價：	58.00 元

ISBN 978-7-5130-1552-3

民國文存

（第一輯）

出版前言

民國時期，社會動亂不息，內憂外患交加，但中國的學術界卻大放異彩，文人學者輩出，名著佳作迭現。在炮火連天的歲月，深受中國傳統文化浸潤的知識份子，承當著西方文化的衝擊，內心洋溢著對古今中外文化的熱愛，他們窮其一生，潛心研究，著書立說。歲月的流逝、現實的苦樂、深刻的思考、智慧的光芒均流淌於他們的字裡行間，也呈現於那些細緻翔實的圖表中。在書籍紛呈的今天，再次翻開他們的作品，我們仍能清晰地體悟到當年那些知識分子發自內心的真誠，蘊藏著對國家的憂慮，對知識的熱愛，對真理的追求，對人生幸福的嚮往。這些著作，可謂是中華歷史文化長河中的珍寶。

民國圖書，有不少在新中國成立前就經過了多次再版，備受時人稱道。許多觀點在近一百年後的今天，仍可說是真知灼見。眾作者在經、史、子、集諸方面的建樹成為中國學術研究的重要里程碑。蔡元培、章太炎、陳柱、呂思勉、錢基博等人的學術研究今天仍為學者們津津樂道；魯迅、周作人、沈從文、丁玲、梁遇春、李健吾等人的文學創作以及傅抱石、豐子愷、徐悲鴻、陳從周等人的藝術創想，無一不是首屈一指的大家名作。然而這些凝結著汗水與心血的作品，有的已經罹於戰火，有的僅存數本，成為圖書館裡備受愛護的珍本，或成為古玩市場裡待價而沽的商品，讀者很少有隨手翻閱的機會。

鑑此，為整理保存中華民族文化瑰寶，本社從民國書海裡，精心挑出了一批集學術性與可讀性於一體的作品予以整理出版，以饗讀者。這些書，包括政治、經濟、法律、教育、文學、史學、哲學、藝術、科普、傳記十類，綜之為《民國文存》。每一類，首選大家名作，尤其是對一些自新中國成立以后沒有再版的名家著作投入了大量精力進行整理。在版式方面有所權衡，基本採用化豎為橫、保持繁體的形式，標點符號則用現行規範予以替換，一者考慮了民國繁體文字可以呈現當時的語言文字風貌，二者顧及今人從左至右的閱讀習慣，以方便讀者翻閱，使這些書能真正走入大眾。然而，由於所選書籍品種較多，涉及的學科頗為廣泛，限於編者的力量，不免有所脫誤遺漏及不妥當之處，望讀者予以指正。

目　錄

中國國文法序

一國之立有一國之文字文字且無何有於國凡愛其國者必愛其國之文字近世歐洲諸國最著者若英若法若德若俄咸文字互異其國人莫不先通本國文字然後兼通它國文字此固人類之公理世界之通義也彼蔑棄本國文字

而備責之國文字者其亦不思甚矣然吾
國文學雖盛而研究文法古尟專書號為
能文者又往往矜其神妙以為不可言傳如
劉彥和之論文心鍾仲偉之言詩品類
皆詳於成篇之研推而略於用字之區
別故學者恒苦其難精不若西文之易
習於是抑揚之說熾而中國文學遂日

趨於敝此誠事之可慨者也洎季乃有以西文之法例之國文一切用字多仿西文別其名類蓋自馬氏文通始雖或病其不精不備然創造之功焉可誣哉今吳君景洲以馬氏之後雖有戴氏來氏章氏陳氏諸家繼起輯述顧仍不免闕漏迄無具體之文法是以撰為一書以

便學子條文既極簡明例注尤皆允當於馬氏章氏陳氏之誤者亦時有糾正其孟子同字異用表尤發註家所未發吾國文字一字而兼數義一義而兼數用者在在有之凡所舉此不足以盡字之用至文字之標記前人多以圈點非古置而不用今則橫列直列唯西人

之是效景洲乃註采之分為七種且謂此後吾國文字原著作人宜各自加標記以利後之讀者而使文字清晰不致展轉失真景洲斯語或為泥古者所駭然實不刊之論設使吾國古書早能如是當少後儒無數之爭辯茲事通行國可決諸異日也景洲是編

出吾知從事中國文學者必日增多文
學蓋興將於是乎在余讀既竟輒
樂而序之中華民國十九年八月
長汀江瀚

中國國文法自序

世上事物莫不有法無法則不立此定例也。以法律言有成文法焉、有不成文法焉。所謂不成文法者易言之爲習慣法。習慣法、成法也。歸納之而傳之成文即成文法也、何以異乎。此世人之謂中國以前無文法者大皆重習慣而棄成文法耳。童而習之硜硜窮年數載研究工巧、乃煥乎其有文章。自問不知有所謂法重習慣也。近世科學日煩、學者不能窮年習一藝而習慣之故失其用。不肯法守、何以通文。於是以語代文之說、風靡一時。夫語文之各有其用、不能偏廢、自不煩言而決。苟自此而使文言日即於衰頹、斯吾國數千年來高深之舊學與典籍、將以不能通讀而漸等於廢棄、亦即東方文明之日即於淪滅。吾人一念及亡人國者、先亡其文之說、為之不寒而慄。斯吾國文言亟宜歸納其習慣而為有系統之成文之法、亦豈待智者而知。自有清末葉、發其緒者、實為馬氏文通一書。民國以來、繼之者頗不乏人、如戴克敦之國文典、來裕恂之漢文典、章士釗之中等國文典、胡以魯之國語學草創、陳承澤之國文法草創、先後相承、可謂盛矣。然而馬氏之書、以其創始之難、辭博而不精、例多而不賅、其體裁復不適於教科之用、學者憾焉。其餘若戴、若來、若章、其書所著論解、較馬氏為簡明、而其大抵規模、要不脫馬氏之窠臼。所舉例證、多偏重於引用成語、譯成語者斯著為例、偶為記憶、不及、則於法文跛。弊在就例以成則、非有法而後求例。則個人之腦力有限、因襲之錮習難除、罣漏因仍、其不爲馬氏之同病也幾希。項之書爲一部分之理論、於法與例表見。陳之書顧誤於馬氏之說以外、別樹一幟、爲獨立之見解、而其病於編闕、理論是尚而成法不備、引述騷詩爲證、則舍近求遠、以多數字定名、則義晦辭贅。欲成一家之言、蓋憂憂乎其難。然則吾國自馬氏創旨文通以來數十年、謂之仍無具體之文法可也。大都吾國人士、一則嚴於自恃文章之妙、不可言傳、一則多疑吾國文法、不及西文之備。於是凡所著述、多尚理論而不重定則。不知文章之妙不可言傳者、就其至高深者而言、所謂神而化之者也。即西文亦何嘗不然。而高深者其基亦始於淺近、實為不可逃之例。是文章之深、其先皆由自然而歸納之、所謂由習慣而成之文、亦即由天然而施以人力、非先有法而後以文就之也。則豈有吾國數千年古國而法不及他人者、必且遷化過之、殆爽甲疑。後以歷來多重習慣、不爲肎綮倪之講求、是以論文之書、僅重章節、論字之書、惟詳音義。斯由字成句之道、遂成甌脫。余自涉歷西文々法以來、窮々疑々之肎綮矣。今乃不揣固陋、勉就其所得者、歸納爲法、著之以例、釋之以注、條文務求其簡明、例注務求其貼切、舊籍不能盡憶、則以意爲通借之文、不必盡著其出處。意在賅而非炫博、旨求明而不尚典。既免因噎而廢食、文以便初學也。然而句讀之變例、文字之複畧、則仍以舊籍有徵者爲限、以免杜撰之譏。此書自癸歲十一月始事、今年十一月以竣。歲適一周、稿凡三易。於簿書鞅掌之中、每日致力此事、至多以兩小時爲率、而後此有間斷、則其間率隨之變、自不待言。乃還以際國人、則任叔永先生及吾中表陳衡哲女士實促成之。所差堪自信者、條例序次、要皆有系統可尋、其名釋義、或不至晦澀難通。而體裁文法與西文略同，一則俾學人研求中西文法，用腦一貫，庶事半而功倍，且期吾國文化遠被歐美，俾便日外人之從風吾國者，爽格格不入之苦也。邦人君子，進而教之，則吾國文法之完備，或將以此為雛形，亦猶馬先生之志也。中華民國十有八年季冬之月吳瀛

凡例

一，近年以來，自小學校始，多已講習西文，至中學而西文文法之印象已深。故本書體裁，大致與西文文法相彷彿俾學人用腦一貫，可以觸類相通，左宜右有，無虞扞格。

二，本書雖參用西文體裁，而所有則例悉依吾國文字所原有者為之歸納，決不強其從同如近世新文學之強分陰陽，變更格調，使他字从她从牠，標點加■[1]加？之類，概不摻入。

三，本書定名務求簡明單純，不取艱深古雅，尤避繁衍拖沓，俾學人易於記憶；又於定名分類，用字務取其有別：如字之總類曰某字，二字以上聯合之辭曰某辭，組織未全之小句曰讀，修詞大略意指一句全文者則用“詞”字別之。此外定名均各有界限，以類相從，不使混淆。較文通以來諸作有稱字為詞或辭，而句中分部名稱：如主格賓格又以起詞止詞稱之，二字以上之辭亦名為詞或辭者，較為清晰。名稱之非必要者，則力從省減，亦以免煩瑣也。

四，本書重在定則舉例，不尚理論，故條例均以簡單為原則，更加注以說明之，亦以簡潔為貴。無說明之必要者，則注亦省却。至吾國文人喜用玄妙神化等說，為超越法則以外之語，實不宜於教科，尤所深戒。

---

❶ 此處原書不清，疑為一標點符號。——編者註

五，本書舉例重在以例就法，不泥於引用舊籍，以免扞格而期賅括。但文法之變例及其重複省略之處，仍以舊籍有徵者為限。

六，吾國字類，通用為多，分類最難。同字異用之道，最宜深研，始易貫通，故舉《孟子》百字列為“同字異用表”，並加補充，使廁於論字以後、造句以前，為第一卷之附卷。

七，本書各字中，雖有為列舉之形式者，但仍係舉其通常所用，聊示標準。吾國文字變化無窮，於同字異用之說可徵，不能無遺。各條舉例除必要外，通常以一條一例為原則，以免治絲益棼。舉一反三，是在讀者。

八，字句之複略顛倒，既可入於脩詞範圍，而於字類之地位，亦多關係。著筆之始，頗費躊躕。乃於第一卷字之分類中，先分別記其大概，而又彙見於第二卷脩詞一章，俾前後得以融貫而深其印象。取材不同，詳略異致。欲其相得益彰，非作者之自亂其例也。其他則例，各章有相互關係者，仿此。

九，本書所用成語，取材以《左傳》《孟子》兩書為多，而《詩》《禮》《論語》“子”“史”以及六朝文字，則間一用之而已。以《左》《孟》二書文字流暢，雖古而近今，最宜取則。練習題中採取成篇韓文若干篇，至第三卷則雜選漢、魏、六朝、唐、宋、明、清之文為例。能參照吾國讀書舊法隨習而熟讀之，文雖不多，當有益也。

十，本書第一卷論字，第二卷釋句，第三卷辨文，而文法之大致粗備。他如字義、音韻以及文字之流派得失，則如《說文》《廣韻》及一切論文之作，著述已夥，概從省略。

十一，詩、詞，以廣義言，雖均為文之一種，而詩自《三百篇》以後，與文分途，格律迥異。降及近體五、七言詩，造句成章，其格益嚴，當然與文例不能相比附。陳承澤《國文法草創》以五、七言詩引為文例，舍近求遠，深為不取。詞為詩餘，尤有其獨特之律。本書重在通常作文，詩詞格律世有專書，茲故從略。

十二，本書加用標記，特注重於文法上所用專名及舉例中主要之字，俾臻清晰。但如“文”“句”“讀”“字”等類字樣，雖在文法上同為專名，而衡之通常習慣，實為公名者，則僅於主要時加以標記，其餘則省。至舉例成語中之專名雖照例隨帶應加標記，原與本書得失無關，而練習題關於審別字類讀類之成篇文字及短句，暨《孟子》同字異用表所引成句中之專名，一則為不欲學者減縮練習範圍，一則重在同字異用之一字，不願參雜其他標記，故概從略。亦以一部分保留吾國文字通常不用專名標記之舊習，以存過渡時代之特徵也。

十三，本書自視似與前之《文通》《文典》諸作，為有系統而比較其體，但一則究屬草創，一則時日倉卒、舛漏滋多，所望海內賢達隨時指教，俾得陸續改正補苴，以臻完備，所切盼也。

第一卷　論字

第一章　總則

第一節　定名及字之種類

一，凡用以記事，俾語言得以流傳久遠之符號，謂之字。合字兩種以上而未成句者，謂之讀，或謂之辭。集諸字以完成語言之意思者，謂之句。集諸句以記事物之狀況、表現其意思而使之成為篇段者，謂之文。

二，凡字之種類，大別之為九：

（一）名字；

（二）代字；

（三）動字；

（四）表字；

（五）狀字；

（六）介字；

（七）聯字；

（八）助字；

（九）感字。

第二節　定名之說明

三，以字表人物之名稱者，謂之名字。例如“日”“月”“山”“川”“人”“禽”“鬼”“怪”等字是。

四，凡人物之有所指而不直稱其本名，或其名已前見不復複述，另以字代其名字者，謂之代字。例如“我”“爾”“彼”“此”“其人”“其物”等字是。

五，以字著人物之動作者，謂之動字。例如“動”“止”“作”“息”“飲”“食”“居”“行”等字是。

六，以字表人物之狀況、品性、數量及其一切有須表明之必要者，謂之表字。例如“長”“短”“黑”“白”“美”“惡”“多”“寡”“十”“百”等字是。

七，以字狀動字、表字之及於何程，並兼狀其同類之字之至於何度者，謂之狀字。例如“疾”“徐”“極”“盡”等字是。

八，以字介於人物之間而明其地位關係者，謂之介字。例如“在”“於”“以”“為”“因”“自”等字是。

九，以字聯字與句之重疊展轉，而使之融貫者，謂之聯字。例如“與”“惟”“但”“至”“如”“則”“倘”等字是。

一〇，以字表現或補足字及句之語氣者，謂之助字。例如“且”“夫”“嘗”“所”“焉”“哉”“乎”“也”等字是。

一一，以字表現發語人中心之感者，謂之感字。例如“吁”“嗟”“噫”“嘻”“都”“俞”等字是。

第二章　名字

第一節　名字之分類

一二，名字之類，大別為五：（一）公名；（二）專名；（三）羣名；（四）質名；（五）玄名。

（注）一名不僅一字，通常由一字乃至三字。四字者，亦間有之。譯名則例外也。

第二節　公名

一三，公名者，人物同類公有之稱，非一人一物所得而私者。故曰“公名”。例如：“人”，人類之公名也；“禽”，禽類之公名也。凡類此者均屬之。例如：

（甲）一字名。

人、禽、獸、馬、牛、羊、雞、犬、豕、虎、獅、豹、象、龍、蛇、虫、豸、蜂、蟻、祖、孫、父、子、伯、叔、舅、甥、兄、弟、姊、妹、夫、婦、戚、友、器皿、筆、硯、琴、書、冠、服、房、屋等。

（乙）二字名。

黔首、鼻祖、王父、王母、祖父、祖母、外舅、外姑、世父、曾孫、元孫、來孫、離孫、彌孫、麒麟、騶虞、狻猊、駱駝、孔雀、蒼鷹、百舌、畫眉、蒼蠅、蚯蚓、蟋蟀、刁斗、兜鍪、觱篥、胡琴、琵琶、梧桐、枇杷、玫瑰、荔芰等。

（丙）三字名。

時憲書、天文儀、蓄水池、蓄電器、測量器、藏書室、製造場、發明人、創造人、藝術家、詞章家、法律家、百合花、石竹花、無花果、秦吉了、果子狸、穿山甲等。

第三節　專名

一四，專名者，一人或一物私有之專名，他人或他物不能與之共稱者。故曰“專名”。例如：“孔丘”，一人之專名也；“江甯”，一地之專名也；“泰岱”，一山之專名也；“揚子江”，一水之專名也。凡類此者，均屬之。例如：

（甲）一字名。

唐、虞、夏、商、周、秦、漢、晉、唐、宋、元、明、清等。以上歷朝名

幽、燕、薊、魯、齊、秦、晉、楚、蜀、隴、閩、浙、蘇、甯、滇、黔等。以上地名

（乙）二字名。

南京、江蘇、浙江、福建等。以上地名

衡岳、泰岱、漢水、長江等。以上山水名

伏羲、孔丘、釋迦、耶穌等。以上人名

（丙）三、四字名。

崑崙山、揚子江、黑龍江、察哈爾等。以上山水及地名

公冶長、漆雕開、澹臺滅明、漆雕徒父等。以上人名

一五，地之專名、假借為人之專名者，則其人必為聞人。

例如：知其客可以信其主者，“宣州”也。知其主可以信其客者，“湖南”也。韓文

（注）“宣州”“湖南”均地名，今以指人，此例唐以後始有之。

第四節　羣名

一六，羣名者，一名之中，括衆人或衆物焉。故曰“羣名”。如：積多人曰“家”，積多家曰“鄉”，積多鄉曰“鎮”或曰“省”；五百人曰“旅”，二千五百人曰“師”；積多物曰“集”，曰“叢”，曰“堆”。凡類此者，均屬之。例如：

（甲）一字名。

國、家、城、鎮、村、鄉、省、道、府、縣、集、軍、師、旅、團、帮、會、社、黨、羣、族、堆、叢等。

（乙）二字名。

天下、世界、國家、社會、學會、政黨、法團、軍隊、團體等。

第五節　質名

一七，質名者，物之為原質而不可以各箇分析者，或不能以各箇計數者也。如水、火、煙、雲、米、鹽、油、乳、金、石、土、木，多為人物所以養成或造成之原質，可以量計而不可以數計者。凡此之

類，均屬之。例如：

（甲）一字名。

金、絲、竹、土、草、木、石、火、水、煙、雲、霧、風、雨、雹、光、聲、米、油、糖、鹽、煤、鐵、銅、銀、錫、藥、紙、墨等。

（乙）二字名。

草料、五穀、籽種、泥土、石油、石炭、石灰、雨水等。

第六節　玄名

一八，玄名者，凡芴漠無常，按之無物，可感覺而不可捉摸，無一定形狀者也。如品、性、色、相、道、德、智、勇、名、位、祿、壽等字均無迹象可言。凡類此者，均屬之。例如：

（甲）一字名。

品、性、色、相、形狀、智、仁、勇、慧、愚、巧、聖、賢、奸、惡、福、祿、壽、名、位、喜、怒、哀、樂、笑、動、舉、量、器等。

（乙）二字名。

品貌、儀容、性質、智慧、知識、質地、氣量、器度、地位、福分、仁愛、愚拙、歡喜、苦惱、誠實、堅定、貧窮、高尚、黑暗、勇敢、少壯、老朽、舉止、動作、激刺等。

一九，凡玄名不可分析，故不能冠以數目表字。但可用“多”“少”等字以表其量之多少。

二〇，凡動字、表字、狀字，均可假為玄名。

例一，吾為之範我“馳驅”。《孟子》

（注）“馳驅”，動字，今用如玄名。

例二，先王無流連之"樂"，荒亡之"行"。《孟子》

（注）"樂""行"，動字。今用如玄名。

例三，"富""貴"不能淫，"貧""賤"不能移。《孟子》

（注）"富""貴""貧""賤"，表字，今用如玄名。

例四，與"少"樂樂，與"衆"樂樂。《孟子》

（注）"少""衆"，表字，今用如玄名。

例五，仁之"實"，事親是也。《孟子》

（注）"實"，狀字，或有時為表字，今用如玄名。

例六，星辰之"遠"也。《孟子》

（注）"遠"，狀字，或有時為表字，今用如玄名。

二一，凡動、表、狀各字前加"之"字者，均變為玄名。

例如：吾"歸"[動]。吾之"歸"[名]也；"仁"[表]人；人之"仁"[名]；"至"[狀]高；此高之"至"[名]也。

第七節　名之多少數

二二，凡公名、羣名，可分別多少數。其上可冠以數目表字，但不以多少數而易其名。

例如：一人、十人；一國、十國。

二三，凡專名，無多數，故不能冠以數目表字。有時冠之，則用如公名。

例如：一"薛居州"，獨如宋王何？《孟子》

（注）“薛居州”，專名也。此用之為善士之代稱，故曰“一薛居州”，猶言一善士也，則變為公名矣。

二四，凡質名，可以量計，或以其他假定之容積計，而不可以數計，故不能直冠以數目表字，而必間接用之。

例如：一斗“米”、一塊“土”、一杯“水”、一枝“竹”、一斤“煤”。

（注）以上各質名，若直冠以數目表字，作一“米”、一“土”、一“水”、一“竹”、一“煤”，則不通矣。

二五，質名有時亦直冠以數目表字者，則用如公名。

例一，一“水”縈廻。

例二，一“木”難支大厦。

（注）上句“一水”，言“一江”或“一河”也。“一木”，言“一木幹”也，則非質名而為公名矣。

第八節　兩名疊用

二六，兩名同義或相對者，疊用之，可使詞意加重。

例一，申之以“盟”“誓”。《左傳》

例二，今王無“疾”“病”焉。《孟子》

（注）“盟誓”“疾病”同義之名，疊用之，以加重其詞意。

例三，詩曰：刑于寡妻，至於“兄”“弟”，以御於“家”“邦”。《孟子》

例四，如以朝衣朝冠，坐於“塗”“炭”。《孟子》

（注）“兄弟”“家邦”“塗炭”均相對之名。例三疊用以深著德化之流行，例四以深著不屑之貌。

第九節　表字省其所表之名即用如名

二七，凡表字，省其所表之名字者，此表字即變而為名。

例一，未有“仁”而遺其親者也。《孟子》

例二，用“下”敬“上”，謂之貴“貴”；用“上”敬“下”，謂之尊“賢”。《孟子》

（注）例一“仁”例二“下”“上”“賢”及第二“貴”，均為表字，其下皆應有名字“人”，今省，則此表字均用如名。若各增入“人”字，則又悉為表矣。

二八，表字之省名而代其用者，其分類依其所代之名。

第十節　名字之地位

二九，名字在一句或一讀之中，應用之地位凡二：（一）主格；（二）賓格。

三〇，主格者，處言行之發動地位，亦即一句之主也，故大致不離於動字。

例如：“雲”行。

（注）上句“雲”，名字也，處發動之地位。而“行”，動字也，表其行動，故“雲”為此句之主格。

三一，賓格者，處主格行動所施及之地位。

例如：水載“舟”。

（注）上句名字“舟”，賓格也。其主格“水”之行動為載，而施及於“舟”，故

謂之賓格。

三二，名字為動字之賓格外，于動字之力不能直達，或須表示其間接之關係時，則必以介字為之介，故復可為介字之賓格。

例如：魚躍于淵。《詩經》

（注）上句名字“淵”，賓格也。“魚躍于淵”者，言魚自淵而躍，非魚躍淵也。“魚”與“淵”有間接之關係，為動字“躍”之力不能直達，必以介字“于”為之介，故“淵”乃為介字之賓格。

三三，名字之形狀、品性、數量、方位等項有表明之必要時，則用表字表之。其地位與表字互相前後均無不可，視全句間其他各種關係而異。

例如：“青”天“白”日、山“高”月“小”。

（注）上例“青”“白”表字，“天”“日”名字，則表字在名字之前。“山”“月”名字，“高”“小”表字，則表字在名字之後（詳表字）。

【析字式（名字）】

（一）廐有肥馬。

廐——公名，少數，為動字“有”之主格。

（注）凡名字無明顯之數目表字以表之者，均以少數論。

有——動字。

肥——表字，表名字“馬”。

馬——公名，少數，為準動字“有”之賓格。

（二）孟子見梁惠王。

孟子——專名，少數，為動字“見”之主格。

見——動字。

梁——專名，少數，用如系屬表字，表名字“惠王”。

惠王——專名，少數，為動字“見”之賓格。

（三）寡人之於國也。

寡——表字，表名字“人”。

人——公名，少數，為動字“於”之主格。

之——助字。

於——介兼動字。（與對字同義）蓋省“對”字而兼代其用也。

國——羣名，少數，為介兼動字“於”之賓格。

也——助字。

（四）移其粟於河內。主格省

移——外動字。

其——代字，用如系屬表字，表名字“粟”。

粟——質名，多數，為動字“移”之賓格。

於——介字。

河內——專名，少數，為介字“於”之賓格。

（五）今王發政施仁。

今——發語助字。

王——公名，少數，為動字“發”“施”之主格。

發——動字。

政——玄名，少數，為動字“發”之賓格。

施——動字。

仁——玄名，少數，為動字“施”之賓格。

【練習題】

下文可講誦，並將文內名字摘出，兼別其分類。

大凡物不得其平，則鳴：草木之無聲，風撓之鳴；水之無聲，風蕩之鳴。其躍也，或激之；其趨也，或梗之；其沸也，或炙之。金石之無聲，或擊之鳴。人之於言也，亦然。有不得巳[1]者，而後言。其

[1] 當為“已”。——編者註

歌也有思，其哭也，有懷。凡出乎口而為聲者，其皆有不平者乎？樂也者，鬱於中而泄於外者也。擇其善鳴者，而假之鳴。金、石、絲、竹、匏、土、革、木八者，物之善鳴者也。維天之於時也，亦然。擇其善鳴者，而假之鳴。是故以鳥鳴春，以雷鳴夏，以虫鳴秋，以風鳴冬。四時之相推敚，其必有不得其平者乎？其於人也，亦然。人聲之精者，為言。文辭之於言，又其精也。尤擇其善鳴者，而假之鳴。其在唐、虞、咎陶、禹，其善鳴者也，而假以鳴。夔弗能以文辭鳴，又自假於《韶》以鳴。夏之時，五子以其歌鳴。伊尹鳴殷，周公鳴周。凡載於《詩》《書》六藝，皆鳴之善者也。周之衰，孔子之徒鳴之，其聲大而遠。《傳》曰："天將以夫子為木鐸。"其弗信矣乎！其末也，莊周以其荒唐之辭鳴。楚，大國也，其亡也，以屈原鳴。臧孫辰、孟軻、荀卿，以道鳴者也。楊朱、墨翟、管夷吾、晏嬰、老聃、申不害、韓非、昚到、田駢、鄒衍、尸佼、孫武、張儀、蘇秦之屬，皆以其術鳴。秦之興，李斯鳴之。漢之時，司馬遷、相如、楊雄，最其善鳴者也。其下魏晉氏，鳴者不及於古，然亦未嘗絕也。就其善者，其聲清以浮，其節數以急，其辭淫以哀，其志弛以肆。其為言也，亂雜而無章。將天醜其德，莫之顧邪？何為乎不鳴其善鳴者也！唐之有天下，陳子昂、蘇源明、元結、李白、杜甫、李觀，皆以其所能鳴。其存而在下者，孟郊東野始以其詩鳴。其高出魏晉，不懈而及於古，其他浸淫乎漢氏矣。從吾遊者，李翺、張籍其尤也。三子者之鳴，信善矣。抑不知天將和其聲而使鳴國家之盛邪，抑將窮餓其身，思愁其心腸，而使自鳴其不幸邪？三子者之命，則懸乎天矣。其在上也，奚以喜。其在下也，奚以悲。東野之役於江南也，有若不釋然者。故吾道其命於天者以解之。韓愈《送孟東野序》

第三章　代字

第一節　代字之種類

三四，代字者，所以代名字之用者也。凡句中名字已見於前，不欲複述，或不必指出，不言而喻者，均得以代字代之。其類凡四：（一）指人代字；（二）指物代字；（三）接讀代字；（四）詢問代字。

第二節　指人代字

三五，指人代字者，所以代人之稱謂者也。如“我”“汝”“彼”等字。

三六，指人代字可析之為三位：

（甲）首位，即發語者。

“我”“余”“予”“吾”“朕”“臣”“身”“已”[1]（以上單數），“我”“我等”“我曹”“我輩”“吾曹”“吾儕”“吾輩”“吾人”（以上多數）等字是。

（乙）次位，即與語者。

[1] 疑爲“己”。——編者註

“君”“爾”“汝”“若”（以上單數）“君等”“爾等”“爾輩”“爾曹”“汝”“汝等”“汝輩”“汝曹”“若輩”“若曹”（以上多數）等字是。（“而”有時亦用為次位代字，多少數同。）

（丙）三位，即被語者。

“彼”“伊”“某”“其”“其人”“若人”（以上單數），“彼”“彼等”“彼輩”“伊等”“若輩”（以上多數）等字是。

三七，指人代字其在句中之地位皆與名字同。

例如：“我”將去之。動字之主格

吾語“汝”。動字之賓格

釁啓自“彼”。介字之賓格

三八，指人代字有時須增加其重量時，則於代字後用“親”“自”“親自”“自己”等字表之。此類字謂之副代字。其位數均視其所副之代。

例如：我“親”見之；我“自”見之；我“親自”見之；我“自己”見之。

（注）上四句其意均同，皆特注重在親見，言此事之必無可疑也。其意較“我見之”語尤嚴重。其在次位及三位亦同。

第三節　指物代字

三九，指物代字者，所以代物之名稱，無首位及次位，皆三位也。如“此”“彼”“是”“茲”“之”“其”“斯”等字。

四〇，指物代字亦可用之於人。

例如：“此”為善人。

（注）上句“此”代“此人”也，餘類推。

四一，指物代字其在句中之地位亦與名字同。

例如：“此”為最良。動字之主格

念“茲”。動字之賓格

生於“斯”。介字之賓格

四二，“旃”字可為指物代字，與“之”字同其用，但極罕見，且僅用於賓格。

例如：虞叔有玉虞公求“旃”。《左傳》

四三，“莫”字可兼為指人、指物代字，表無人或無物之意，但僅為主格。

例如：“莫”敢言。指人

“莫”非手創。指物或事

第四節　接讀代字

四四，接讀代字者，遇全句中之一讀或一名須另用一讀以為表時，則用“其”字以承接之，此“其”字謂之接讀代字。

例一，齊、晉、秦、楚，“其”在成周，微甚。《左傳》

（注）上句“齊、晉、秦、楚”四名為共同主格。“齊、晉、秦、楚，微甚”為本句。“其在成周”一讀為齊、晉秦楚一讀之表讀。“其在成周”者，言齊、晉、秦、楚在成周時也。故“其”字一方代“齊晉秦楚”，一方承接前讀而為之表。故曰“接讀代字”。

例二，後之君子，“其”欲聞仁義道德之說，孰從而聽之。韓文

（注）上句“其欲聞仁義道德之說”一讀為名字“君子”之表讀，“其”字一方代“君子”，一方承接之也。

四五，接讀代字有時省去不用亦可，但不若用之為明顯耳。

例如：後之君子“欲聞仁義道德之說”，孰從而聽之。

（注）上句省“其”字，但意義如前。

第五節　詢問代字

四六，詢問代字者，本不知其人物之為誰何，而用以代之之字也。如“誰”“孰”“疇”“何人”（指人），“何”“何物”（指物）等字。

四七，詢問代字在句中之地位亦與名字同。

例如：“誰”能執熱。（主格）《孟子》

此為“誰”，或此為“何人”？（動字之賓格）

汝傷於“何物”，或傷於“何人”？（介字之賓格）

從“何”而來？（介字之賓格）

（注）“孰”字、“疇”字未有用為賓格者，其為主格，則如：“孰謂子產智”《孟子》；

“疇”咨若時登“庸”《書經》

“疇”字，尤罕用也。

第六節　分合代字

四八，分合代字者，以一代字而表示各個之動作，有區分之性質者也。如“每”“各”“皆”等字。

例一，“每”不能達。

（注）言每事不能達，非一事也。由多數而復分為每個也。

例二，“各”言爾志。《論語》

（注）言各人言爾志，以多數人而復分為各個也。

例三，易地則“皆”然。《孟子》

（注）言多人皆然，以多數人之行為合言之也。

四九，分合代字僅有用為主格而無用作賓格者。

第七節　代字地位之變例

五〇，有時為加重文字之句意，有以代字賓格之地位移置於前者，約舉其例，凡二：

（甲）有移於其主動字之前，而仍在主動之狀字以後者。

例如：將不“汝”容焉。《左傳》

（注）上句依常例，當作“將不容汝焉”。今將代字“汝”移於主動“容”之前，而在其主動之狀字“不”之後。

（乙）更進一步，移於主動及其狀字或助動字以前，逕接主格者。

例如：余掖殺國子，莫“余”敢止。《左傳》

（注）上句“莫余敢止”，依常例，應作“莫敢止余”。今賓格“余”字、直越動字“止”及助動字“敢”，而逕接主格“莫”。

第八節　代句之代字

五一，有時以一字可代已見前文之一句至若干句，以免複述之煩。

其字凡二：（一）然；（二）此（“是”同）。

例一，河內凶，則移其民於河東，移其粟於河內，河東凶亦“然”。《孟子》

（注）上例若不用“然”字，則當補為“河東凶亦移其民於河內，移其粟於河東”。今用一“然”字便代兩句也。

例二，曰：“不可，直不百步耳，是亦走也。”曰：“王如知此。”《孟子》

（注）上例最後“此”字代“直不百步耳，是亦走也”二語。若如前補足之，則累贅不成文也。“此”字若易作“是”字，亦通。

【析字式（代字）】

（一）我將去之。

我——指人代字，首位，少數，為動字“去”之主格。

將——助動字。

去——動字。

之——指物代字，三位，少數，為動字“去”之賓格。

（二）其人親告之。

其人——指人代字，三位，少數，為動字“告”之主格。

親——副代字，同前。

告——動字。

之——指人代字，三位，少數，為動字“告”之賓格。

（三）齊、秦、晉、楚，其在成周，微甚。

齊——專名，少數，為動字“為”（省）之主格。

秦、晉、楚、——三字均同前。

其——接讀代字，三位，多數，為動字“在”之主格。

在——介字。兼動字之用

成周——專名，用為系屬表字，省其所表“時”字。

微——表字。

甚——狀字。

（四）誰能執熱。

誰——詢問代字，三位，少數，為動字“執”之主格。

能——助動字。

執——動字。

熱——質名，少數，為動字“執”之賓格。

（五）各言爾志。

各——分合代字，三位，少數，為動字“言”之主格。

言——動字。

爾——代字，用如系屬表字。

志——玄名，少數，為動字“言”之賓格。

【練習題】

下文可講誦，並試摘取文內代字而分析其種類。

古之君子，其責己也重以周，其待人也輕以約。重以周，故不怠；輕以約，故人樂為善。聞古之人有舜者，其為人也，仁義人也。求其所以為舜者，責於己，曰：“彼，人也。予，人也。彼能是，而我乃不能是。”早夜以思，去其不如舜者，就其如舜者。聞古之人，有周公者，其為人也，多藝人也。求其所以為周公者，責於己，曰：“彼，人也。予，人也。彼能是，而我乃不能是。”早夜以思，去其不如周公者，就其如周公者。舜，大聖人也，後世無及焉。周公，大聖人也，後世無及焉。是人也，乃曰：“不如舜，不如周公，吾之病也。”是不亦責於身者，重以周乎！其於人也，曰：“彼人也，能有是，是足為良人矣；能善是，是足為藝人矣。”取其一，不責其二；即其新，不究其舊。恐恐然惟懼其人之不得為善之利。一善，易修也。一藝，易能也。其於人也，乃曰：“能有是，是亦足矣。”曰：“能善是，是亦足矣。”不亦待於人者，輕以約乎！今之君子，則不然。其責人也詳，其待己也廉。詳，故人難於為善；廉，故自取也少。己未有善，曰：“我善是，是亦足矣。”己未有能，曰：“我能是，是亦足矣。”外以欺於人，內以欺於心，未少有得而止矣。不亦待其身者已廉乎！其於人也，曰：“彼雖能是，其人不足稱也；彼雖善是，其用不足稱也。”舉其一，不計其十；究其舊，不圖其新。恐恐然惟懼其人之有聞也。是不亦責於已者已詳乎！夫是之謂不以衆人待其身，而以聖人望於人，吾未見其尊己也。雖然，為是者有本有原，怠與忌之謂也。怠者不能修而忌者畏人修。吾常試之矣，常試語於衆曰：“某良士，某良士。”其應者，必其人之與也。不然，則其所疏遠不與同其利者也；不然，則其畏也。不若是，強者必怒於言，懦者必怒於色矣。又嘗語於衆曰：“某非良士，某非良士。”其不應者，必其人之與也。不然，則其所疏遠不與同其利者也；不然，則其畏也。不若是，強者必說於言，懦者必說於色矣。是故事修而謗興，德高而毀來。嗚呼！士之處此也，而望名譽之光，道德之行，難已！將有作於上者，得吾說而存之，其國家可幾而理歟！韓愈《原毀》

第四章　動字

第一節　動字之作用

五二，動字者，所以言人物之動作所用之字也。

例如：我“讀”書。

彼“喜”。

（注）上“讀”“喜”二字，皆所以言人物之動作，故曰“動字”。

五三，凡名或代及其相當之字，處於發動之地位，曰主格。其下主要之動字曰主動。

例一，“汝”“坐”。

（注）上句“汝”為代字，為動字“坐”之主格也。“坐”則主動也。

例二，獸蹄鳥迹之“道”“交”於中國。《孟子》

（注）上句“道”為名字（“獸蹄鳥迹之”五字為其系屬表辭），為主動“交”之主格也。（參看名字第十一節）*

* 當指第二章“名字”中第一節，但未見第十一節，疑否第十節。——編者註

第二節　動字之分類

五四，動字之種類大別之為四：（一）內動；（二）外動；（三）助動；（四）準動。

第三節　內動字

五五，內動者，其動字之力發於主格，亦止於主格之本身，不及其他。故曰“內動字”。

例如：五羖“入”而秦“喜”，樂毅“出”而燕“懼”。《漢書》

（注）上句“入”“喜”“出”“懼”四動字，其主格為“羖”“秦”“樂毅”“燕”四名字。其發動、止動均在主格之本身，故皆內動也。

第四節　外動字

五六，外動者，其動字之力發於主格，及於他人或他物而不能自止者。故曰“外動字”。

外動字必有受其動者，謂之賓格。

例如：瞽叟“殺”人。《孟子》

（注）“殺”，外動字也，“瞽叟”為其主格，“人”為其賓格。若僅言“瞽叟殺”，則語為不全也。

第五節　助動字

五七，助動字者，動字意有不足，或須表示他種意思，而以另一字助之者也，此字謂之助動字。

助動字之種類如下。

（一）表示時間性者。

（甲）表示未來之助動字，如下：

“將”“當”“須”。

例如：我“將”去之。

“當”如命。

“須”得君有助。

（注）以上三助動字皆用以表示意欲有所動作而尚未實行，故曰未來。

（乙）表示過去之助動字，如下：

“已”“業”“經”“曾”“嘗”“已經”“業經”“業已”“過”“矣”（“過”“矣”二字用於動字後，餘均在前）。

例如：余“已”讀之。

吾“業”見之。

幾“經”接談。

“曾”相識。

“嘗”聞之。

“已經”議定。

“$\text{業}^{\text{已}}_{\text{經}}$”絕緣。

讀“過”。

赦之“矣”。

（注）以上各助動字皆用以表示動作已訖者，故曰過去。

（丙）表示當時正動之助動字如下：

“始”“正”“方”“剛”“甫”“纔”“適”。

例如：桃“始”華。

吾“方”歸。

晨鐘“剛”動。

客“甫”行。

君“纔”過我。

余“適”他往。

（注）以上各助動字均言動作未竟，即正動也。

（丁）表示其事方過而未久者，則其式如下：

正—訖；

方—訖；

剛—訖；

甫—訖；

纔—訖；

適—訖。

例如：“正”讀“訖”，餘類推。

（注）“訖”字易作“竟”“畢”“竣”“終”“了”“完”“過”等字，均同。

（二）表示強迫性。

（甲）命令式，其字如下：

“必”“必須”。

例如：汝“必”為之，或“必須”為之。

（乙）勸告式，其字如下：

“務”“務須”。

例如：“務”照行，或“務須”照行。

（注）“必”字有非行不可之意，“務”字之意較輕。

（三）表示猶豫性者。

（甲）表示不確定之助動字，如下：

“或”“似”“若”“如”。

例如：“或”往“或”不往。

“似”不欲人知。

“若”有不豫色然。

“如”釋重負。

（乙）表示暫行之助動字，如下：

“姑”“且”“暫”“試”。

例如：“姑”往一試。

“且”住為佳。

“暫”如君意。

“試”效其法。

（四）表示可能性者，其助動字如下：

“可”“足”“能”“得”“固可”“可得”。

例如：“可”坐而致。

是“足”憂也。

火勿“能”熱。

“得”進於道。

勝“固可”喜。

“可得”聞與。

（五）表示被動式者，其助動字如下：

“被”“見”“荷”“蒙”“受”“是”“為”。

例如：某“被”害。

某“見”殺。

某“荷蒙”扶持。

某“受”責。

善人“是”富。

某將“為”戮。

（注）以上各字應參看本章第十節被動各式。

第六節　準動字

五八，準動字者，無動作之行為，而其在句中之地位乃與動字相等，如“有”“無”“是”“非”“類”“似”“若”“如”“乃”等字。

例如：武王“有”亂臣有人。《論語》

我獨“無”。《論語》

居惡在，仁“是”也。《孟子》

“非”其罪也。《論語》

非君也不“類”。《左傳》

孔子貌“似”楊虎。《孟子》

有為者亦“若”是。《孟子》

亦“如”之。《左傳》

是“乃”仁術也。《孟子》

（注）以上各準動字其在句中均處主動字地位，實則非其主格之有動作，而為主

格已定之事實，故稱之為準動字。

五九，準動亦分內外動。

例一，武王“有”亂臣十人。《論語》

（注）上例“有”，準動也，而屬於外動，以名字“臣”為其賓格。

例二，是“乃”仁術也。《孟子》

（注）上例“乃”，準動也，而屬於內動，以代字“是”為其主格。名字“術”則非其賓格而為主格補充辭也。（參看第九節）

第七節　內動用如外動

六〇，內動字加以賓格則可變為外動。

例如：樹自“搖”內動。風“搖”外動樹。

余當“歸”內動矣。舉其所有而“歸”外動之。

花“開”內動“開”外動闢草萊。

彼大“怒”內動。余甚“怒”外動之。

第八節　外動字之重賓格及補充辭

六一，外動字有時得有兩重賓格，謂之曰“重賓格”。在前而緊接動字者，謂之直接賓格，在後者謂之間接賓格，可簡稱曰“直賓”、“間賓”。

例如：飲“余”直接賓格杯“水”間接賓格。

畀“汝”直千金間。

免“汝”直“罪”間。

“魏王”貽我直大瓠之“種”間《莊子》

六二，外動字之“間賓”可令其不為“間賓”，而另使為介字“以”之賓格，使變為補充辭。詳後節其句意不更。

例如：飲余“以”杯水。餘類推。

六三，如前例，以補充辭與前之主動及其賓格互移其方位，其句意亦仍不更。

例如：以“杯水”飲“余”。餘類推。

第九節　補充辭

六四，內動字有時意義不能自足，則足以他字，謂之主格補充辭。約舉其類如下：

（一）汝為“善人”。——名及其表字

（二）君為“客”。——名

（三）客來“不速”。——狀辭（狀及動合）

（四）其人生“於憂患”。——介字及其賓格

六五，外動字及其賓格意仍不足者，亦得加以補充辭，謂之賓格補充辭。其類如下：

（一）我思此計“無益”。——表辭（動及賓格合）

（二）彼陷汝“於難”。——介及其賓格

（三）此事乃令汝“怒”。——動

（四）余使其人“為役”。——動及賓格

（五）彼使人“告於我”。——動介及賓格

六六，補充辭辭意不充可更益以補充辭。

例一，羽父使賊“殺公”“於寫氏”。《左傳》

例二，子產使校人“畜之”“池”。《孟子》

（注）上第一例，“殺公”（動及賓格）為本句之補充辭，但辭意仍不足，乃更益以“於寫氏”（介及賓格）。第二例，“畜之”（動及賓格）為本句之補充辭，但辭意仍不足，乃更益以“池”。“池”應為“於池”（介及賓格）“於”字省也。

六七，賓格補充辭前之賓格若可不言而喻，則有時可省。

例如：楚薳越使“告於宋”。《左傳》

（注）上句“使”為外動，其下應有“人”字為其賓格，而後方可接補充辭。茲以“人”字不言而喻，故省。

六八，賓格補充辭，如為簡單之動字，於欲增加其重量時，可移置於其主格之前。

例如：“行”或使之，“止”或尼之。《孟子》

（注）上句順置之，應作“或使之‘行’，或尼之‘止’”。今欲加增其重量，故逕移置於其主格之前。其意義不甚同矣。

六九，凡句以“介字及賓格”為主格或賓格補充辭者，為加重補充辭起見，可移置主動之前。

例一，“於心”終不忘。《孟子》

（注）上句“於心”（介及其賓格），主格補充辭也。常式當作“終不忘於心”，今倒置於主動之前。

例二，“以力”服人。

（注）上句“以力”，賓格補充辭也。常式應作“服人以力”，今倒置於主動之前。（參看六三）

七〇，以文字簡潔之故，可省主格及賓格暨補充辭之動字逕移賓格之名字為主格，而成被動式。詳後第十節

例如：爪牙可任。《文選・陳孔璋檄豫州書》

（注）上句、當為"'○○'可任'之''為爪牙'"。今主格原省，又省其賓格"之"及補充辭之動字"為"。而以補充辭之賓格"爪牙"移為主格，成被動式。

第十節　主動式與被動式

七一，以外動字之作用，得分為兩種句式：（一）主動式；（二）被動式。

七二，主動式以主格為主動，常式也。

例如：管仲射桓公。《孟子》

七三，被動式者，以常句之主賓格互易其位置，而介以其他字類倒置法也。其式約舉之，凡七種。

（甲）以"為""所"兩字，先乎外動，而以原主格介於兩字之間者

例一，衛太子"為"江充"所"敗。《漢書》

例二，湯……"為"嫉妒之臣"所"係虜耳。《漢書》

例三，章……遂"為"鳳"所"陷。《漢書》

以前例改作主動式如下：

例一，江充敗衛太子。

例二，嫉妒之臣係虜湯。

例三，鳳遂陷章。

（乙）僅以"為"字置原主格之前，而省"所"字者

例一，道術將"為"天下裂。《老子》

例二，不為酒困。《論語》

例三，僕……重“為”鄉黨僇笑。《史記》

以前例改作主動式如下：

例一，天下將裂道術。

例二，酒不困“之”。原被動式之主格省，今改賓格，姑以“之”代之

例三，卿[1]黨重僇笑僕。

（丙）外動字後以“於”字介於原主格者

例一，禦人於口給，屢憎“於”人。《論語》

例二，勞力者治“於”人。《孟子》

例三，以勇聞“於”諸侯。《史記·廉頗傳》

以前例改作主動式如下：

例一，禦人於口給，人屢憎“之”。原被動式之主格省，今改賓格，姑以“之”代之

例二，人治勞力者。

例三，諸侯聞其勇。原被動式之主格省，今為賓格“勇”之系屬表辭，故應增入“其”字，或作“廉頗之勇”亦可

（丁）以“見”“被”“蒙”“是”“受”等字加於外動之前者

例一，盆成括“見”殺。《孟子》

例二，其“見”敬禮如此。《漢書》

例三，錯卒以“被”戮。《漢書》

例四，“被”汙惡言而死。《漢書》

例五，民不見德而唯戮“是”聞。《左傳》

例六，數“蒙”恩貸。《漢書》

例七，“受”械於陳。《漢書》

（注一）以上各句原主格均省。

（注二）上句第六例“蒙”字若改作“荷”字，義同。

以前例改作主動式如下：

[1] “卿”，當為“鄉”。——編者註

例一，殺盆成括。原被動式省賓格，即原主格省也

例二，敬禮“之”如此。“其”字改作賓格，應改為“之”

例三，卒戮錯。原被動式無賓格，故今主格省

例四，“以”惡言汙“之”而死。原被動式主賓格皆省，今以“之”代賓格而增介字“以”

例五，民不見德而唯聞戮。

例六，數恩貸“之”。增“之”字，說見前

例七，械“之”於陳。增“之”字，說見前

（戊）主格原省或見前，而逕以賓格移於主格地位

例一，大命不敢請，佩玉不敢受。《左傳》

（注）若以前例改作主動式，當作“不敢請大命，不敢受佩玉”。原式無賓格，故主格省。

例二，卿不書，罪之也。《左傳》

（注）上句主格為執筆者，故省。若改作主動式，當作“不書卿，罪之也”。今倒置為被動式。

例三，狄皆則之，四姦具矣。《左傳》

（注）上“四姦具矣”句，原主格為前句之“狄”字，謂“狄具四姦”也。今倒置為被動式。

（己）省原主格，以賓格代其位置，而以原補充辭置動字之前

例如：夫子以愛我聞。《左傳》

（注）上句若改為主動式，應作“人聞夫子愛我”，今“人”（原主格）字省，而以“夫子”（原賓格）代其位置。“以愛我”（原補充辭）（介及其賓格）猶言以“愛我之事”也。今置動字“聞”之前。

七四，凡解釋事物之名稱，有以賓格提置主格地位，而實原地位以代字，以醒眉目者，其句形似主動式而多一代字，實則為被動句而省主格，重賓格也。

例如：六府三事謂之九功。《左傳》

（注）上句若改為主動式，當作"○謂六府三事為九功"。○者，所省之主格，"六府三事"原為賓格，今提於前，乃不得不以"之"字代之。"九功"者，在主動句為補充辭也。若以表面論：謂"六府三事"為主格，"謂"為主動，"之"為賓格，"九功"為補充辭，認作主動句，則謬矣。

七五，有形式與主動無二，而意實為被動者。

例如：是焉得為大丈夫哉。《孟子》

（注）上例細繹其意，謂"是焉得被稱為大丈夫"也。形似主動句而實被動也。

七六，凡數語並舉，以小句為大句之一辭，每用被動式，亦即以賓格為主格而動字合其狀，共同為表辭也。

例如：是為[1]清廟茅屋，大路越席，"大羹不致"，"粢食不鑿"，昭其儉也。《左傳》

（注）如"大羹不致"改主動式為"不致大羹"，則與清廟、茅屋等辭不相融洽。茲用今式，則"大（表）羹（名）"為名辭，"不（狀）致（動）"為名字"羹"之二重表字。始可與"清（表）廟（名）"等句式相偶也。餘類推。

第十一節　動字之疊用

七七，動字有時可以疊用，其疊用可分四種：（甲）意義相類，疊用以渾厚其辭氣者；（乙）意義相類而仍有別，疊用之使彼此互明，得完足其意義者；（丙）意義不相類，其第二字為第一字進一步之行為者；（丁）第一字有類似助動意義，以助第二字，實則中省名或代字者。

[1] "為"當為"以"。——編者註

（甲）例一，“散離”我兄弟。《左傳》

例二，“傾覆”我國家。《左傳》

（注）“散離”“傾覆”均兩動字疊用而意義無異，蓋皆為欲其文字駢偶而渾厚其辭氣，且若兩字中任去其一字，其意義仍然，毫無異也。

（乙）例一，“綏靜”諸侯。《左傳》

例二，“撓亂”我同盟。《左傳》

（注）“綏靜”“撓亂”均兩動字意義相類而仍有別者：謂綏而靜之，撓且亂之也。斯意義益完足矣。但若任去其一字，作“綏諸侯”、“撓我同盟”，意雖無甚異，而略欠完美矣！

（丙）例如：則巍巍之盛，“仰邈”前賢；洋洋之風，“俯冠”來籍。陸士衡《豪士賦序》

（注一）“仰邈”“俯冠”均兩動字、意義各異，而第二字為進一步之表示者：謂仰而邈，俯而冠也。若任去其一字，則少一字之意義矣。

（注二）前例第一動字謂之用如第二動字之“狀”亦可。

（丁）例一，“使有”菽粟如水火。《孟子》

例二，“欲知”舜與蹠之分。《孟子》

（注）“使有”“欲知”均兩動字疊用，而第一字有助第二字之形式。實則其間各省一代字（第一字之賓格），補足之當為“使（之）有”“欲（其）知”也。

七八，有兩動字相疊而其第二動字與其下文相連為一辭，為其第一動字之賓格者。

例如：衞人使右宰醜涖“殺州吁”於濮。《左傳》

（注）上句“殺州吁”，謂殺州吁之事也。為外動“涖”之賓格，謂監視殺州吁之事於濮也。

第十二節　各字用如動

七九，名可用如動。

例一，王之不“王”，非不能也。《孟子》

例二，“樹”之以桑。《孟子》

八〇，　表可用如動。

例一，有囿“方”四十里。《孟子》

例二，“老”吾老。《孟子》

八一，狀可用如動。

例一，　吾不忍其“觳觫”。《孟子》

例二，王若“隱”其無罪、而就死地。《孟子》

（注）觳觫，言觳觫就死也。隱，言隱痛也。

【析字式（動字）】

（一）魚躍。

魚——公名，少數，動字“躍”之主格。

躍——內動，主動式，有名字“魚”為其主格。

（二）孟子將朝王。

孟子——專名，少數，動字“朝”之主格。

將——助動字，助外動字“朝”，使表示未來之時間性。

朝——外動字，未來時間，主動式，以名字“王”為其賓格。

王——公名，少數，為動字“朝”之賓格。

（三）務致國家於富強。

務——助動字，表示強迫性，助外動字“致”。

致——外動字，主動式，以名字“國家”為其賓格。

國家——羣名，少數，為動字“致”之賓格。

於——介字。

富強——玄名，少數，為介字“於”之賓格。

（四）盆成括見殺。

盆成括——專名，少數，為動字“殺”之主格。

見——助動字，助外動字“殺”使成被動式。

殺——外動字，被動式，以其原賓格“盆成括”移作主格。

【練習題】

下文可講誦，並試將文內動字及補充辭摘出。

太行之陽，有盤谷。盤谷之間，泉甘而土肥，草木叢茂，居民鮮少。或曰：“謂其環兩山之間，故曰‘盤’。”或曰：“是谷也，宅幽而勢阻，隱者之所盤旋。”友人李愿居之。愿之言曰：“人之稱大丈夫者，我知之矣。利澤施於人，名聲昭於時，坐於廟朝，進退百官而佐天子出令。其在外，則樹旗旄，羅弓矢，武夫前呵，從者塞途，供給之人，各執其物夾道而疾馳。喜有賞，怒有刑。才俊滿前，道古今而譽盛德，入耳而不煩。曲眉豐頤，清聲而便體，秀外而慧中，飄輕裾，翳長袖。粉白黛綠者列屋而閑居，妒寵而負恃，爭妍而取憐。大丈夫之遇知於天子，用力於當世者之所為也。吾非惡此而逃之，是有命焉，不可幸而致也。窮居而野處，升高而望遠，坐茂樹以終日，濯清泉以自潔。採於山，美可茹；釣於水，鮮可食。起居無時，惟適之安。與其有譽於前，孰若無毀於其後；與其有樂於身，孰若無憂於其心。車服不維，刀鋸不加，理亂不知，黜陟不聞。大丈夫不遇於時者之所為也，我則行之。伺候於公卿之門，奔走於形勢之途，足將進而趦趄，口將言而囁嚅，處汙穢而不羞，觸刑辟而誅戮，徼倖於萬一，老死而後止者，其於為人，賢不肖何如也？”昌黎韓愈聞其言而壯之，與之酒而為之歌曰：“盤之中，維子之宮；盤之土，可以稼；盤之泉，可濯可沿；盤之阻，誰爭子所？窈而深，廓其有容；繚而曲，如往如復。嗟盤之樂兮，樂且無央；虎豹遠跡兮，蛟龍遁藏；鬼神守護兮，呵禁不祥。飲且食兮，壽而康。無不足兮，奚所望。膏吾車兮，秣吾馬。從子於盤兮，終吾生以徜徉。韓愈《送李愿歸盤谷序》

第五章　表字

第一節　表字之作用及種類

八二，表字者，於名字、代字或其相當之字加以解釋而表現其系屬、情況或數、量、方位及分合、疑問之作用者也。

八三，表字之分類凡七：（一）系屬表字；（二）情況表字；（三）數目表字；（四）數量表字；（五）方位表字；（六）分合表字；（七）疑問表字。

第二節　系屬表字

八四，系屬表字者，表人物之所系屬或其所有者也。又别為二：（甲）專名系屬；（乙）非專名系屬。

（甲）專名系屬者，由專名脱化而出，表人物之屬於某專名者也。其式亦二：

（一）即用專名之第一、二字或全名冠於其所表字之前者。

例如："和"珠、"隋"璧、"秦"基、"漢"牘、"中華"國民或"中國"國民、"美利堅"總統或"美"總統等。

（注）以上"和""隋""秦""漢""中華""美利堅"均與專名形式相同。

（二）專名之後加“之”字者。

例如：“隋之”璧、“中華之”國民，餘類推。

（注一）明楊慎《升庵集》、古文用“之”字一則，足與上說相發明，玆錄其文，曰：“《莊子》、厲之人，夜半生其子；又以驪姬作驪之姬；地名南沛作南之沛。《呂覽》楚丹姬作丹之姬。《家語》江津作江之津。《樂府》桂樹作桂之樹。”

（注二）此“之”字謂之系屬字。

（注三）白話“的”字義與“之”同，文言中亦間用之。

（乙）非專名系屬者，表其他各名字、或代字之系屬、或所有者也。其式與專名系屬同

（一）卽以各名字之第一字、或全名、或代字加於所表字之前者。

例如：“客”貨、“鄉”人、“木”商、“智”囊、“吾”文等。

（注）上字，“客”為公名，“鄉”為羣名，“木”為質名，“智”為玄名，“吾”為代字，今皆用如表。

（二）於名字或代字後加“之”字者。

例如：“車之”輪、“舟之”柁、“吾之”過、“君之”惠等。

（注）以上名或代均用如表，故統謂之系屬表字。

（丙）以代字“其”“之”為系屬表字之用者。

例一，“其”性亦猶是也。《孟子》

例二，枕“之”股而哭之。《左傳》

（注）上句“其”與“之”同為代字，用如系屬表字者也。

第三節　情狀表字

八五，情狀表字者，所以表現人物之狀況或其性情者也。

例如：“黑”山、“白”水、“綠”葉、“美”人、“好”事、“惡”德、“病”夫、“勇”將、“大”廈、“小”屋等。

（注）“黑”“白”“綠”“美”表人物之色也，“好”“惡”表人物之性也，“病”“勇”“大”“小”表人物之狀況也，均情狀表字也。

八六，凡人物之情狀，一字不足以表之者，則組合二字以上之字成表辭，其式如下：

（一）“不義”人。——（狀及表字）

（二）“不義之”人。——（狀表及系屬字）

（三）“無益”事。——（動及其賓格）

（四）“無益之”事。——（動及賓格並系屬字）

（注）凡辭之類另詳後卷。

第四節　數目表字

八七，凡名字之可以區析者，其表示多寡之表字，謂之數目表字。

例如：“一”人、“三”山、“十八”學士、“千”夫、“萬”國、“兆”民等。

（注）以上名字“人”“山”“學士”“夫”“國”“民”均為公名或羣名，為人物之可以分析數目者。而“一”“三”“十八”“千”“萬”“兆”等字，均為數目表字也。

八八，數目表字之言序次者，則加“第”或“其”於數目表字之上。

例如：“第”一、“第”二、“第”三、“第”四，或“其”一、“其”二、“其”三、“其”四等。

第五節　數量表字

八九，名字之不能各個分析者，其表示多寡之表字，謂之數量表字。

例如："多"謀、"足"智、"重"創、"微"傷、"寡"欲、"無"才、"少"見等。

（注）以上名字如"謀""智""創""傷""欲""才""見"均為玄名，為不可分析之名字；而"多""足""重""微""寡""無""少"等字，均數量表字。

九〇，名字之可以分析而不欲分析時，得以概括之數目表之，其用表字大致與數量表字同。

例如："多少""多數""少數""大部""小部""若干""幾許""多許""少許"（以上均可用為數量表字）"幾個""數個"等。

（注）凡以"個"字為單位者，則不能用為數量表字，以"個"字表示有分析之可能也。

第六節　方位表字

九一，方位表字者，所以辨別人物所在地位而表見之，故謂之方位表字。

例如："此"人、"彼"物、"內"室、"外"城、"本"省、"左"手、"右"足、"上"層、"下"級、"南"轅、"北"轍等。

（注）以上如"此""彼""內""外""本""左""右""上""下""南""北"均

以表其所表名字“人”“物”“室”“城”“省”“手”“足”“層”“級”“韈”“轍”之所在方位者也。

第七節　分合表字

九二，分合表字者，所以表示人物在一句中分說或合說之表字也。

例如：“每”人、“各”人、“全”體、“雙”方、“同”樣、“異”類、“別”個等。

第八節　疑問表字

九三，疑問表字者，所以表示未知之人物而為疑問之表字也。

例如：“何”人、“奚”事、“甚”事等。

第九節　冠字

九四，表字於以上各類外，其冠於名字之首而表示攏統之意義者，謂之冠字。其字則“一”“凡”是也。

例如：“一”人之行為必須端正。

“凡”物莫不然。

（注）上句“一”字係指所有之人，非僅指“一”人也。“凡”義自明。

第十節　表字之比較

九五，表字出於比較作用時計可分為三級：（一）平等；（二）比等；（三）極等。

平等者，表平常相等之量。

例如："美""美相若""美相似""美相等""等美""比美"。

比等者，表較優之量。

例如："較美""美於"……

極等者，表極優之量。

例如："甚"美、"極"美、"最"美、"至"美、"莫美"於……

（注）"頗"字介於比等、極等之間。如言"頗美"作較美或極美解，均可通也。

九六，表字之極等得以表字置於名字之後，而其前則置疑問表字為問語式，且置煞尾助字而表現之。

例如：其"何"罪大焉。《左傳》

（注）上句謂"罪莫大於此也"，表示"大"字，為極等也。

第十一節　表字之地位及疊用

九七，表字用於其所表字（名字或代字或相當之字）之地位，可分五種。

（一）通常直用於所表字之前者。

例如："美"人、"大"事。

（二）通常直用於所表字之後者。

例如：屋"大"、舟"小"。

（三）二字以上之表字疊用加"之"字而置於所表字之前者。

例如："膏腴之"地。《漢書》

"要害之"郡。《漢書》

"遙蕩恣睢轉徙之"塗。《漢書》

（四）二表疊用而省"之"字者。

例如："膏腴"地、"要害"郡。

（五）二表疊用於名字之後者。

凡二式：

（甲）同義混合者，以其所表名字亦混合也

例如：道里"遼遠"。司馬長卿文

（乙）異義各別者，以其所表名字亦各別也

例如：山川"阻深"。同上

九八，二表或三表疊用而其字數不等者，則間以"之"字。

例如："幽遠""之""小"民。《韓文》

（注一）小民，言民之微小也，"小"即所以表"民"，則"小"為一字表。更欲加以"幽遠"雙數表字以表"小民"二字，故用"之"字間之。"幽遠"二字，合解則為雙數表字；分解則"幽"為幽僻，"遠"為偏遠，亦各個表字之聯合而成者，故"幽遠"二字上更加若干相等之雙數表字，亦無不可。單數則奇偶雜錯為不便也。

（注二）二字疊用之表，若合二字成一義而變其本義者，則亦謂之表辭。（詳第二卷第一章第十八節）

九九，三重表字疊用，系屬表字可居其次，以示加重。

例如："不腆""先君之""敝"器。《左傳》

一〇〇，名字有原為準動字之賓格，省其準動而直接為表，遂與其所表名字形式無二。

例如：戎狄豺狼。《左傳》

（注）上例謂“如豺狼之戎狄也”，省“如”“之”等字，則豺狼雖為表字而形式與其所表名字“戎狄”無異，不可不知也。

第十二節　他字之用如表

一〇一，名及代字可用如表，凡系屬表字皆是也。（詳前）

一〇二，動字可用如表。

例如：“走”馬、“驚”禽、“笑”容、“愁”緒。

（注）上例“走”“驚”“笑”“愁”均內動字，此皆用如表字，以表各名。

一〇三，狀字可用如表。

例如：“至”德、“極”刑、“嚴”威、“永”圖。

（注）上例“至”“極”“嚴”“永”均狀字，此皆用如表字，以表各名。

【析字式（表字）】

（一）細流不能容吞舟之魚。

細——情狀表字，表名字“流”。

流——公名，少數，為動字“容”之主格。

不——狀字。

能——助動字。

容——外動字，有名字“魚”為之賓格。

吞舟之——動、名及系屬字組成之情狀表辭。

魚——公名，少數，外動字“容”之賓格。

（二）多數人不能謀一事。

多數——數目表字，表名字“人”。

人——公名，多數，為動字“謀”之主格。

不——狀字。

能——助動字。

謀——外動字，以名字“事”為其賓格。

一——數目表字，表名字“事”。

事——公名，少數，為動字“謀”之賓格。

（三）此地有崇山峻嶺。

此——方位表字，表名字“地”。

地——質名，少數，為動字“有”之主格。

有——準動字，有名字“山”“嶺”同為之賓格。

崇——情狀表字，表名字“山”。

山——公名，少數，為動字“有”之賓格。

峻——情狀表字，表名字“嶺”。

嶺——公名，少數，為動字“有”之賓格，與“山”字同。

（四）各人皆有之。

各——分合表字，表名字“人”。

人——公名，少數，為動字“有”之主格。

皆——狀字。

有——準動字，有代字“之”為之賓格。

之——代字，少數，三位，為動字“有”之賓格。

【練習題】

下文可講讀，並試摘取其表字而分析其種類。

國子先生晨入太學，招諸生立館下，誨之曰：“業精於勤荒於嬉，行成於思毀於隨。方今聖賢相逢，治具畢張，拔去凶邪，登崇俊良。占小善者率以錄，名一藝者無不庸。爬羅剔抉，刮垢磨光。蓋有幸而獲選，孰云多而不揚？諸生業患不能精，無患有司之不明。行患不能成，無患有司之不公。”言未既，有笑於列者曰：“先生欺余哉！弟子事先生於茲有年矣。先生口不絕吟於六藝之文，手不停披於百家之編。記事者必提其要，纂言者必鉤其玄。貪多務得，細大不捐。焚膏油以繼晷，恆兀兀以窮年。先生之業，可謂勤矣。觝排異端，攘斥佛老。補苴罅漏，張皇幽眇。尋墜緒之茫茫，獨旁搜而遠紹。障百川而東之，迴狂瀾於既倒。先生之於儒，可謂有勞矣。沈浸醲郁，含英咀華，作為文章，其書滿家。上規姚姒，渾渾無涯；周誥殷盤，佶屈聱牙；春秋謹嚴，左氏浮誇；《易》奇而法，《詩》正而葩；下逮《莊》《騷》。太史所錄，子雲、相如，同工異曲。先生之於文，可謂閎其中而肆其外矣。少始知學，勇於敢為。長通於方，左右咸宜。先生之於為人，可謂成矣。然而公不見信於人，私不見助於友。跋前躓後，動輒得咎。暫為御史，遂竄南夷。三年博士，冗不見治。命與仇謀，取敗幾時。冬煖而兒號寒，年豐而妻啼飢。頭童齒豁，竟死何裨。不知慮此，而反教人為？”先生曰：“吁，子來前！夫大木為宲，細木為桷，欂櫨、侏儒，椳、闑、扂、楔，各得其宜，施以成室者，匠氏之工也。玉札丹砂、赤箭青芝、牛溲馬勃，敗鼓之皮，俱收並蓄，待用無遺者，醫師之良也。登明選公，雜進巧拙，紆餘為妍，卓犖為傑，校短量長，惟器是適者，宰相之方也。昔者孟軻好辯，孔道以明，轍環天下，卒老於行。荀卿守正，大論是弘，逃讒於楚，廢死蘭陵。是二儒者，吐辭為經，舉足為法，絕類離倫，優入聖域，其遇於世何如也？”今先生學雖勤而不繇其統，言雖多而不要其中，文雖奇而不濟於用，行雖修而不顯於衆。猶且月費俸錢，歲靡廩粟；子不知耕，婦不知織；乘馬從徒，安坐而食。踵常途之促促，窺陳編以盜竊。然而聖主不加誅，宰臣不見斥，非其幸歟？動而得謗，名亦隨之。投閑置散，乃分之宜。若夫商財賄之有亡。計班資之崇庳，忘已[1]量之所稱，指前人之瑕疵，是所謂詰匠氏之不以杙[2]為楹，而訾醫師以昌陽引年，欲進其豨苓也。韓愈《進學解》

[1] “已”，當為“己”。——編者註
[2] “杙”，當為“杙”。——編者註

第六章　狀字

第一節　狀字之作用

一〇四，狀字者，有時以狀動字，有時以狀表字，有時以自狀。

例如：彼壯士，其行“甚”“疾”，其氣“甚”“豪”。

（注）上句“疾”，狀字，以狀動字“行”。“甚”，亦狀字，以自狀狀字“疾”。又“甚”，以狀表字“豪”。

一〇五，狀字有時且得以狀介字及聯字。茲分列如下。

（一）狀介字。

例如：鳥飛“恰”“在”水涯。

余“適”“於”談次微倦。

（注）“在”“於”皆介字，以狀字“恰”“適”狀之。

（二）狀聯字。

例如：彼來此“正”“當”余未歸。

余不悅其地，“亦”“且”不能久居。

（注）“當”“且”皆聯字，以狀字“正”“亦”狀之。

一〇六，二字以上之複合狀辭不僅可狀一字，並可狀全句。

例如：“不幸”余乃逢彼之怒。

"一霎那間"天地晦冥。

第二節　狀字之分類

一〇七，狀字大別之，凡分三種：（一）普通狀字；（二）疑問狀字；（三）分合代名狀字。

第三節　普通狀字

一〇八，普通狀字其別凡八。

（甲）狀情况者。

例如："徐"行、"疾"走、"酣"睡、"端"坐。

（注）"行""走""睡""坐"皆動字，行之"徐"、走之"疾"、睡之"酣"、"坐"之"端"，皆狀動之作何情况也。

（乙）狀分際或量數者。

例如："僅"有、"多"取、"少"受、"至"優、"極"美。

（注）"僅""多""少""至""極"等字，皆狀動字或表字之及何分際或量數者也。

（丙）狀次數者。

例如："常"往、"時"來、"不時"來見、"希"有、"復"議、"更"作計較。

（注）"常""時""不時""希""復""更"等字，皆狀動作之次數多少也。

（丁）狀時期者。

例如："前"見、"曩"讀、"即"行、"瞬"至、"嗣"復、"頃"

聞、“今”知。

（注）“前”“曩”“即”“瞬”“嗣”“頃”“今”等字，皆狀動作之時期者也。

（戊）狀方位者。

例如：居“此”、往“彼”、“上”視、“下”顧、“瞻”前、“慮”後、“東”征、“西”討。

（注）“此”“彼”“上”“下”“前”“後”“東”“西”等字，皆狀其動作方位之所在者也。

（己）狀是否者。

例如：“必”勝、“不”克、“誠”然、“當”是、“非”是。

（注）“必”“不”“誠”“當”“非”等字，皆狀動或狀之是否者也。

（庚）狀未定者。

例如：“殆”將、“庶”可、“若”不足、“似”是、“或”然、“如”見。

（注）“殆”“庶”“若”“似”“或”“如”等字，皆狀某種動作或狀况懸而未定之辭也。

（辛）狀原囚[1]者。

例如：“故”去、“囚”問、“乃”行、“遂”廢。

（注）“故”“囚”“乃”“遂”等字，均以某種原因而始有動作乃以狀之也。

第四節　疑問狀字

一〇九，疑問狀字者，所以狀一切動作狀况寓有疑問之意者也。

❶“囚”當作“因”，下文依次逕改。——編者註

其類凡六。

（甲）情况疑問。

例如：起居“奚”若、謂“何”、“如何”工作、“豈”然。

（注）上“奚”“何”“如何”“豈”等字，均於一切動作之情况有所疑問之狀字也。

（乙）度量疑問。

例如：道遠“幾何”、重量“若干”、身其餘“幾”、受之“幾許”。

（注）上“幾何”“若干”“幾”“幾許”等字，皆於某種情况或某種動作之度量多少有所疑問之狀字也。

（丙）次數疑問。

例如：彼來“幾次”，或“幾回”，或“幾番”。

（注）上“幾次”“幾回”“幾番”，皆於某種行動次數有所疑問之狀字也。

（丁）時期疑問。

例如：“何時”前往、來“幾時”或“若干時”矣、識之“幾許時”或“幾久”矣。

（注）上“何時”“幾時”“若干時”“幾許時”“幾久”等字，均於某種動作經過時間有所疑問之狀字也。

（戊）方位疑問。

例如：“何”往、“奚”向。

（注）上“何”“奚”均於某種動作之方位有所疑問之狀字也。

（己）原因疑問。

例如：“何故”或“何由”致此、見我“何為”或“奚為”、“何因”或“何以”薄我、“盍”不。

（注）上“何故”“何由”“何為”“奚為”“何因”“何以”“盍”，皆於某種狀況或動作之原因有所疑問之狀字也。

第五節　分合代名狀字

一一〇，分合代名狀字者，狀字分合多數行為而兼有代名之作用者也。

例如：“各”言、“每”見、“皆”喜、“盡”能、“咸”歸、“俱”說、“並”列、“相”悅。

（注）“各”“每”狀行動之分。“皆”“盡”“咸”“俱”“並”“相”，皆狀其行動之合。而一方復均有代名之意，故謂之分合代名狀字。

第六節　狀字之比較

一一一，狀字亦有比較，用法與表字同。今列其比極兩等之式。

例如：汝行“疾”於我、爾工作“甚”勤、彼讀“較”勤（以上比等），彼行“極”迅、此花紅“最”甚、其人聰明為“最”、鳶飛“至”高（以上極等）。

（注）“頗”字用法注見表字。

第七節　狀字之地位

一一二，普通狀字之狀情況者，通常用於被狀字之前或後。

例如："徐"行、行"徐"；
"疾"走、走"疾"；
"酣"睡、睡"酣"；
"端"坐、坐"端"

（注）以上各狀及其被狀之字，前後互移其地位，皆於意義無所變更。

一一三，狀分際或量數之普通狀字，於其所狀之字有可倒置者，惟不能盡然。

例如："多"取、取"多"；
"少"受、受"少"；
"極"美、美"極"。

（注）如以上者可互倒。

例如："僅"有、"將"然、"至"優、"微"聞

（注）如以上者不可倒，蓋均視其習慣也。

一一四，狀方位之普通狀字若移置於所狀字之後，形式乃與名代無異。其與名代之分別視動字之內外而定。

例如：征"東"——（名），止"此"——（狀）。

（注）上"征東"二字以"征"為外動，則"東"為名字，為外動之賓格，謂東方之地也。"止此"二字以"止"為內動，則"此"非其賓格，而為狀字；若"止"字有制止之義，用如外動，則"此"為其賓格，而成代字（此人或此物之代字也）。惟吾國文字內外動本可活用，故釐定至難。亦惟視其文義如何而定耳。

一一五，其餘狀字通常均在其所狀字之前，間有用於後者，亦視其習慣。

一一六，狀字欲倒置於其所狀動字後，有時可間以助字"也"。

例如：其行"也"迅；

其勝“也”必；

其得“也”多；

其至“也”不時；

其遠“也”幾何；

其致此“也”何故。

（注）此用法有不能用者，視其習慣，若“不克”改作“克也不”，則“不”作“否”用，成問語而意不同矣。若“咸歸”用作“歸也咸”，則不可解矣。此須注意也。

一一七、狀時期之狀字可倒置動字之後，而間以介字“於”或“諸”字，而為其賓格，則與名字無殊。

例如：見“於”“諸”前；

讀“於”“諸”曩日；

聞“於”“諸”往日；

得“於”“諸”頃刻。

第八節　他字之用如狀

一一八，名字可用如狀。

例如：豕“人”立而啼。《左傳》

不“膚”撓，不“目”逃。《孟子》

一一九，表字可用如狀。

例如：“幼”而學之，“壯”而欲行之。《孟子》

（注）“幼”“壯”，表字也、今用為時期狀字，謂幼時學之，壯時欲行之也。“時”字省。“而”，助字。

一二〇，動字可用如狀。

例如：寡人如“就”見者也。《孟子》

（注）言就而見之也。“就”，外動，此狀動字“見”。

【析字式（狀字）】

（一）疾行先長者。

疾——普通狀字，狀動字“行”之情况。

行——內動字。

先——介字。

長——表字，表代字“者”。

者——代字，為介字“先”之賓格。

（二）此最高層也。

此——指物代字，三位，少數，為動字“為”（省）之主格。

最——普通狀字，狀表字“高”之分際，比較式，極等。

高——表字，表名字“層”。

層——公名，少數，合“最”“高”二字為主格補充辭。

也——助字。

（三）如何居此。

如何——疑問狀字，狀動字“居”之何因也。

居——內動字。

此——普通狀字，狀動字“居”之方位。

（四）此行必得志。

此——表字，表名字“行”。

行——玄名，為介字“於”（省）之賓格。

必——普通狀字，狀動字“得”之是否。

得——外動字，主格省，以名字“志”為之賓格。

志——玄名，少數，為動字“得”之賓格。

【練習題】

下文可講誦，並摘取文中狀字而析其種類。

六月九日，韓愈白秀才。辱問見愛，教勉以所宜務，敢不拜賜。愚以為凡史氏褒貶大法，《春秋》已備之矣。後之作者，在據事蹟實錄，則善惡自見。然此尚非淺陋偷惰者所能就，況褒貶耶。孔子聖人，作《春秋》，辱於魯、衞、陳、宋、齊、楚，卒不遇而死；齊太史氏兄弟幾盡；左邱明紀春秋時事以失明；司馬遷作《史記》，刑誅；班固瘐死；陳壽起又廢，卒亦無所至；王隱謗退死家；習鑿齒無一足；崔浩、范曄赤誅；魏收夭絕；宋孝王誅死。足下所稱吳兢，亦不聞身貴而今其後有聞也。夫為史者，不有人禍，則有天刑，豈可不畏懼而輕為之哉！唐有天下二百年矣，聖君賢相相踵。其餘文武之士，立功名跨越前後者，不可勝數。豈一人卒卒能紀而傳之邪？僕年老已就衰退，不可自敦率。宰相知其無他才能，不足用，哀其老窮，齟齬無所合，不欲令四海內有戚戚者，猥言之上，苟加一職榮之耳，非必督責迫蹙令就功役也。賤不敢逆盛指，行且謀引去。且傳聞不同，善惡隨人所見，甚者，附黨憎愛不同，巧造語言，鑿空構立善惡事迹，於今何所承受所信，而可草草作傳記，令傳萬世乎？若無鬼神，豈不自心慙愧。若有鬼神，將不福人。僕雖騃，亦粗知自愛，實不敢率爾為也。夫聖唐鉅跡，及賢士大夫事，皆磊磊軒天地，決不沉沒。今館中非無人，將必有作者勤而纂之。後生可畏，安知不在足下？亦宜勉之！愈再拜。韓愈《答劉秀才論史書》

第七章　介字

第一節　介字之作用及分類

一二一，介字者，所以著人或事物之關係而為之介者也。其類凡九：（一）著自；（二）著在；（三）著及；（四）著用；（五）著因；（六）著需；（七）著共；（八）著差；（九）著代。

一二二，介字之後必為名或代，或與名代相當之字或辭，謂之介字之賓格。

一二三，介字之後除為其賓格之名代或賓格附屬之表字或表辭外，不著他字。

（注）章士釗《中等國文典》認有後置介字一種，即“之”字。陳承澤《國文法草創》亦承認之，皆非也。本書認“之”字為系屬字屬於表字，與英文之’S相類而微異，蓋英文之’S僅用於名字之後，而“之”則可兼用於代或表字之後耳。蓋介字對其所屬之賓格而言，皆前置，無所謂後置也。章氏等之認為後置介字者，蓋緣英文之of 而生。實則of 之為介字，原與其他介字不同，稱為後置介字亦屬勉強，而其用法與中文“之”字亦不盡同也。

第二節　著自介字

一二四，著自者，言人物之自何而來，或行為之自何而致也。其字凡五：（一）“自”；（二）“從”；（三）“由”；（四）“於”，或“于”；（五）“因”。

例一，我來“自”東。《詩經》

例二，雨“從”東來。

例三，“由”此觀之。《論語》

例四，伐木“於”山。

例五，時子“因”陳子而以告孟子。《孟子》

（注）以上五例，（一）（二）言人物之自何而來，（三）（四）（五）言行為之自何而致。

第三節　著在介字

一二五，著在者，言人物或行為之在於何處何時，約舉其字如下：（一）“在”；（二）“於”；（三）“諸”；（四）“之”；（五）“先”；（六）“後”；（七）“當”；（八）“近”。

例一，其意“在”此。

例二，敗“於”齊。《孟子》

例三，陳“諸”市。

例四，告“之”其人。

例五，成名“先”我。

例六，入門“後”汝。

例七，求學“當”少年之時。

例八，移居“近”水。

（注一）以上八例，（一）言人物之在於此地；（二）（三）（四）（五）（六）（七）（八）分別言其行為之在於其地、其人或其時也。（注二）方位表字，如“內”“外”“左”“右”“遠”等字亦可依“先”“後”“近”三字例，用如介字，可類推也。

（注三）方位表字之用如介字者，實係省介字“於”而兼代其用也，故通常均可增“於”字。

例如：成名先“於”我、入門後“於”汝，均可。

第四節　著及介字

一二六，著及者，言行為之及於何所或何時也。其字約舉之，凡三：（一）“及”；（二）“至”；（三）“於”。

例一，三敗“及”韓。《左傳》

傳“及”百世。

例二，盡瘁“至”死。

傳“至”無窮。

例三，移其民“於”河東。《孟子》

內交“於”孺子之父母。《孟子》

（注）“及”“至”“於”三字雖列同類，惟“及”“至”兩字可互易其地位，均有緜延之意。“於”則偏重著在（見前）。若（一）之次例改作“傳於百世”固亦可通，而其緜延之意重在“傳”字。若以（一）之首例改作“三敗於韓”，則失去三敗始及韓地之意，而變為三敗均在韓地矣。又以（二）之首例改作“盡瘁於死”，則意亦大

異。(二)之次例可改“傳於無窮”，亦以有“傳”字為之助也。而例三“於”字改“及”或“至”字，則意雖略異而可通，是“於”字之用於著及，必籍他字以為之助也。

第五節　著用介字

一二七，著用者，言行為之用何事物以成其用也。其字約二:(一)“用”;(二)“以”。

例一，治亂“用”重。《三國志》

例二，殺人“以”挺與刃。《孟子》

(注)兩例互易，其意均同。

第六節　著因介字

一二八，著因者，言人物行為之所由因也。其字凡四:(一)“因”;(二)“以”;(三)“為”;(四)“坐”。

例一，“因”天事天。《禮記》

例二，二子之不相容者“以”此。

例三，今“為”宮室之美為之。《孟子》

例四，古者大臣有“坐”不廉而廢者。《漢書》

(注)例(三)第二“為”字則動字也。例四《馬氏文通》列“坐”字為被動句式之用，非是。蓋與“因”字同義，實為介字。本句雖為被動式，其原因不在“坐”字也。

第七節　著需介字

一二九，著需者，言事物之所必須也。其字約舉之，為四：（一）“非”；（二）“微”；（三）“無”；（四）“除”。

例一，民“非”水火，不生。《孟子》

例二，“微”子之力，不及此。《左傳》

例三，國“無”法守，不治。

例四，“除”子，無人敢任。

（注一）上“非”“微”“無”“除”四介字，如前例，必合本字（介）及其賓格而為補充辭之位於主動以前者，其主動字必係否决語氣，蓋以非此不可，始得證明，其為必需也。若不合以上原則，則不成介字矣。如言“彼非君子”“國無法守”，則“非”“無”均為準動字矣。“微”字若不如此用法，則為表或狀字也。

（注二）“非”“微”“無”“除”四字在前項用法時，等於英文except，but，故《馬氏文通》即將“非”“微”二字列之於介字，而陳承澤之《國文法草創》駁之，謂“非”“微”二字不能為介字，其說非也。

一三〇，“除”有時用為“除非”，有時於其賓格下增“外”字，其意均同。

例如：“除”非親見此事，不能相信。

“除”此事“外”，皆可聽之。

第八節　著共介字

一三一，著共者，所以明人物共同之行為也，其字“與”。

例如：“與”民同樂。

第九節　著差介字

一三二，著差者，所以明事物比較所得之差也，其字“於”或“于”。

例如：金重“於”羽。

第十節　著代介字

一三三，著代者，所以明動作之替代者也。其字凡二：(一)“代”；(二)“為”。

例一，“代”父從軍。

例二，“為”國捐軀。

(注)俗語“替”與“代”字同。

第十一節　“於”“乎”之通用及其助成比較及被動式

一三四，“於”字用如介字者，以“乎”代之，可通。

例如：孔子遊“於”緇惟之林，坐“乎”杏壇之上。《家語》

一三五，“於”字可於表狀比較之用時，助成其比較式，“乎”同。

例一，速“於”置郵。

例二，莫善“乎”此。

一三六，“於”字可助成被動式。（見動字第十節）

第十二節　介字與其賓格之互倒及賓格之省略

一三七，有時以加重其賓格之辭意或為問語之故，“以”“與”“為”三介字均可變置其位置於其賓格之後。

例一，仁“以”接事、信“以”守之。《左傳》

（注）順置之，當為“‘以’仁接事”，“‘以’信守之”。此以加重“仁”“信”兩字之意義，故倒。

例二，何“以”加之？《左傳》

（注）順置之，當為“‘以’何加之”，今為問語，故倒置。

例三，吾誰“與”歸。《左傳》

（注）順置之，應作“吾歸與誰”或“吾與誰歸”。今為問語，而慨乎其言之，並有加重“誰”字之意，故倒之於前。

例四，誰“為”為之？《左傳》

（注）順置之，應作“‘為’誰為之”。今與前例相同，故倒置。下“為”字，動字也。

一三八，“自”“從”“由”三介字用於問語時，均可移置其賓格之後。

例如：何“自”知之、何“從”知之、何“由”知之

（注）前例若順置之，為“自何”“從何”“由何”云云，亦無不可也。

一三九，用“所”字助成被動式而其介字之賓格移為主格時，則其介字每與動字接。

例如：禮樂為教化“所”由興。

（注一）上句若為主動式，應作“教化由禮樂興”或“教化興由禮樂”。蓋“教化興”為主句，“由禮樂”（介及其賓格）則其補充辭也。今作被動式，則介字“由”之賓格“禮樂”二字提前變作主格，加主動“為”而成主句，所餘“教化由興”四字應於“教化”（原主格）下加“所”字成被動式，而介字“由”乃失其原有之賓格“禮樂”二字，遂不得不與動字“興”直接，非動字可直置於介字之後也。（參看動字第十節）

（注二）介字“由”改作“自”“從”均同。

一四〇、介字“以”之賓格有已見於前文，不言而喻者，則可省。

例如：壯者……修其孝、悌、忠、信，入“以”事其父兄，出“以”事其長上。《孟子》

（注）上例兩“以”字，介字也。其下應有賓格代字“之”（即代“孝、悌、忠、信”四名字），以“孝、悌、忠、信”四字已見前文，可不言而喻，故省略也。

【練習題】

試摘取以下各句中介字而別其分類。

（一）有自九日至明年二月之終。

（二）非有疾病事故，輒不許出。

（三）當時以初受命。

（四）上無以承事於公。

（五）非為其能晨入夜歸也。

（六）執事之厚於故舊如此。

（七）愈今所言，皆不在此。

（八）非其人不交。

（九）略不及此。

（十）於生，未有益也。

（十一）不知者，乃用是為謗。

（十二）請自隗始。

（十三）是以及之。

（十四）譬之食物。

（十五）始之以日隔之疏，加之以不專之望。

（十六）由是閣下之庭，無愈之跡矣。

（十七）或不為此汲汲也。

（十八）子雲死近千載。

（十九）其詩無與為比。

（二十）皆出羣之才也。

（二十一）今又有有力當其前矣。

（二十二）以至於老。

（二十三）要妙之義，無自而尋。

（二十四）因與來往。

（二十五）勇於自戰。

（二十六）向無孟子，則皆服左衽而言侏離矣。

（二十七）存諸史氏。

（二十八）取先天下武夫。

（二十九）計已與裴中丞相見。

（三十）待命于鄭之逆旅。

（三十一）問其所從來。

（三十二）微公，吾民何怙。以上韓文句

第八章　聯字

第一節　聯字之作用及分類

一四一，聯字者，表示字句間之起承轉合、推宕展遞而為之連鎖之字也。可別之為三：（一）單獨聯字；（二）複合聯字；（三）連帶聯字。

第二節　單獨聯字

一四二，單獨聯字者，以一字為用，其用法約舉如下。

（一）夫。聯上文更進一解之字

例如："夫"人必自侮，而後人侮之。《孟子》

（二）今。同上

例如："今"燕虐其民，王往而征之。《孟子》

（三）蓋。同上

例如："蓋"上世未有不葬其親者。《孟子》

（四）且。凡三用

（甲）同上用。

例如：“且”以文王之德，百年而後崩。《孟子》

（乙）平接同類之字，使聯之。

例一，仁“且”智。（兩表字相聯）

例二，捷“且”妥。（兩狀字相聯）

（丙）上下兩讀有抉擇之意而用以表訊問之辭。

例如：前進乎，“且”後退乎。

（五）“及”“與”二字。平接同類之字或讀兩字均同

例一，仁“及”“與”義。（兩名字）

例二，吾“及”“與”汝。（兩代字）

例三，吾之闇“及”“與”汝之明。……（兩辭）

（六）而。凡三用

（甲）用以表示遞進之意而聯同類之字或句者。

例如：進“而”教之。

（乙）平接兩讀者。

例如：居仁“而”由義。

（丙）上下兩讀意義相反以為轉語者。

例如：其聲震耳欲聾，“而”彼如未聞。

（七）然。表與上文相反之意

例如：其人雖愚，“然”尚能任事。

（八）故。用於兩讀或兩句或兩節文字間，表“上文為因，下文為果”，而有解釋之意義者

例如：不多讀書，“故”不能明理。

（九）“但”“第”二字。凡二用

（甲）表示上下兩讀或兩句意義相反之意。

例如：不能使之永好，“但”“第”能令其來歸。

（乙）表示卑無高論之意。

例如：可勿深論，“但”“第”求無疵。

（十）特。較“但”“第”二字意微加重

例如：非急進也，“特”以時不可失耳。

（十一）顧。與“但”“第”“特”用法相同而意最輕婉

例如：我豈不知此，“顧”有所不欲耳。

（十二）惟。凡二用

（甲）與前文四字義同，前四字所用之例均可易用“惟”字。

（乙）兼有“僅”“獨”之義。

例如：“惟”我與爾有是夫。《孟子》

（十三）因。表示兩讀或兩句有遞進之意者

例如：大喜，“因”赦之。

（十四）乃。凡二用

（甲）與“因”字同。

例如：既入其室，“乃”相與語。

（乙）表示與上文相反。

例如：吾命汝行，“乃”不前，何也？

（十五）抑。置兩讀或兩句間，表抉擇之意

例如：將東乎，“抑”將西乎。

（十六）雖、豈。用“雖”字之句其上文或下文意義必與相反。“豈”字則表示深著懷疑之意

例如：“雖”有池臺鳥獸，“豈”能獨樂哉？《孟子》

（十七）“況”“矧”二字。上下讀相較而有更進之意

例一，困獸猶鬥，“況”國相乎。《左傳》

例二，不可度思，“矧”可射思。《詩經》

（十八）則。凡五用

（甲）下讀或下句明上讀或上句之果時，承之以明其效。

例如：財聚"則"民散，財散"則"民聚。《大學》

（乙）上句或上讀示事因，而下句或下讀示應付之道，承之以示方針。

例如：不得受於其家，"則"往拜其門。《孟子》

（丙）寓有警覺之感，承上句或上讀以加重語意。

例如：其妻問所語飲食者，"則"盡富貴也。《孟子》

（丁）與"故"字同義，表解釋之意。

例如：不重"則"不威。《論語》

（戊）理論總結時用之以括全文。

例如："則"其道明矣。

（十九）或。凡二用

（甲）意未定而懸擬時用之。

例如：若如此，"或"有望乎。

（乙）意在兩可時用之。

例如：君子之道："或"出、"或"處、"或"默、"或"語。《易·繫辭》

（二十）又。凡三用

（甲）用以明兩事相重。

例如：余一人僅亦守府，"又"不佞以勤叔父。《左傳》

（乙）用以反證某事之不可能而以上讀或句證其下文時。

例如：某既無行，"又"安能託之以重任？

（注）此"又"字下大都用"何""奚""豈""安"等字作反問口氣，意彌永也。

（丙）繼續敘事自二次以上至無數次均以"又"字承之。

例如：楚之所寳者，曰觀射父云云，"又"有左史倚相，云云，"又"有藪曰雲連徒洲，云云。《楚語》

（二十一）僅。上下句讀意義相連，下句表其至高限度例如：此事難能，“僅”可一試耳。

（二十二）當。凡二用

（甲）介字而兼有聯字之用。

例如：“當”此之時或“當”時。

（乙）斷事以為可行，則以當字聯之。

例如：我試行之，“當”可如君之願。

（二十三）尚。凡二用

（甲）斷事表消極贊可之意。

例如：某君之子勤慎，“尚”為有用之才。

（乙）有“猶”字之意，為未竟之表示。

例如：由此觀之，“尚”須一度考量。

（二十四）固。論事表示根據原理立論，用以為聯字。下文或可轉出相反意思

例如：“固”所願也，非所敢望也。

（二十五）殊。表示質實之意而又有句讀上下相反、如“但”“特”等字之用

例如：彼以為易行，“殊”不知甚費周折也。

（二十六）亦。凡三用

（甲）與“又”字（甲）（用以明兩事相重）相同。

例如：某為文學之士，“亦”為有道之人。

（乙）與“又”字（乙）（用上證下以表某事之不可能）相同。

例如：其人既不學無術，“亦”何足以當大事？

（丙）用以表示不得已之行為。

例如：彼既不用吾言，“亦”惟有任之而已。

（二十七）斯。其用與“則”字之(甲)(乙)（戊）三項相同

（甲）上文為因，下文為果。

例如：有土“斯”有財。

（乙）上文為因，下文為應付之道。

例如：以其人之無禮也，“斯”我絕之矣。

（丙）理論總結以括全文。

例如：“斯”可與言治天下矣。

（二十八）其。凡二用

（甲）叙事條分過多，用以提領。

例如：“其”……一節，則我慮之熟矣。

（乙）代字而兼聯字之用。

例如：“其”有不從命者，殺無赦。

（二十九）至。與“其”字（甲）用同

例如：“至”彼之不能如願，則早在意中。

（三十）若。準動而用如聯，加重於其賓格

例如：“若”民則無恒產。《孟子》

（三十一）獨。狀用如聯，本字同義

例如：“獨”孤臣孽子。《孟子》

（三十二）遂。因此之義

例如：一戰勝齊，“遂”有南陽。《孟子》

（三十三）爰。用以表於是將有動作之語氣

例如：王赫斯怒，“爰”整其旅。《詩經》

（三十四）如。用以表假設之詞

例如：“如”有不嗜殺人者，則天下之民皆引領而歸之矣。《孟子》

（三十五）由。“猶”通，表類似之義

例如：民歸之，“由”水之就下。《孟子》

（三十六）猶。“由”通，同前義

例如：人性之無分於善不善也，“猶”水之無分於東西也。

（三十七）“設”“使”“苟”“果”“誠”諸字均為事未必然，用以表假設之詞。

例如：“設”能盡如人意，則天下無難為之事矣。

（注）以“設”字易“使”“苟”“果”“誠”諸字，均同。

第三節　複合聯字

一四三，複合聯字者，以二字或三字為一聯字之用，其用法約舉如下。

（一）於是。表示因此或自是而後之意，承上文而啓後之聯字

例如：“於是”天下大定。

（二）然後。同前

例如：“然後”他人莫與爭功。

（三）而後。同前

例如：“而後”喜可知也。《左傳》

（注）以上三聯字互易之，均同。

（四）然而。下文與上文相反時用之

例如：“然而”不王者，未之有也。《孟子》

（五）然則。凡二用

（甲）突轉疑問時用之。

例如：“然則”廢釁鐘與。《孟子》

（乙）反復說明一事之後，突轉而又急收，姑為疑問而實則加重反證之意。

例如：“然則”吾說，終未誤也。

（六）然且、又且。均係"且"字加重之辭

例如：一戰勝齊，遂有南陽，"然且"不可。《孟子》（"然且"易作"又且"，亦同）

（七）而況、又況。均係"況"字加重之辭

例如：此猶不能，"而又況"其他。

（八）況於。仍兼本字兩義

例如：夫小國之君，猶有奮不顧身之臣，"況於"明天子乎？《史記》

（九）況乎。與"況"字義同，亦可通於前例

例如：以士之招招庶人，庶人豈敢往哉。"況乎"以不賢人之招賢人乎？《孟子》

（十）蓋亦同"盍亦"，"亦"字加重。

例如："蓋亦"反其本矣。《孟子》

（十一）是亦。"是"字加重

例如："是亦"不屑就已。《孟子》

（十二）抑亦。"抑"字加重

例如："抑亦"盜跖之所築與？《孟子》

（十三）不亦。凡二用

（甲）已決之詞，姑作反問語而加重其語氣者。

例如：曰："昔者，則我出此言也，"不亦"宜乎。《孟子》

（乙）加重"不"字意，為反問兼有激之語者。

例如：而反掩面以絕民望，"不亦"甚乎？乃免冑而進。《左傳》

（十四）此亦。"此"字加重

例如："此亦"妄人也已矣。《孟子》

（十五）則是。"是"字加重

例如："則是"以賤事親也。《孟子》

（十六）今夫。承前啓後，其前可有大段申論，其後必闡發之詞

例如："今夫"天下之人牧。《孟子》

（十七）今也。同前

例如："今也"制民之產。《孟子》

（十八）若夫。"若"字加重

例如："若夫"豪傑之士，雖無文王猶興。《孟子》

（十九）宜若。言似應如是也，語猶豫而意似決斷之詞

例如："宜若"可為也。《孟子》

（二十）且夫。"且"字加重

例如："且夫"枉尺而直尋。《孟子》

（二十一）豈惟。姑作問語而|加重"惟"字

例如："豈惟"口腹有飢渴之害？《孟子》

（二十二）亦終、終亦。"終"字加重

例如："終亦"必亡而已矣。"亦終"必亡而已矣。均《孟子》

（二十三）所以。用以表示解釋之意

例如："所以"謂人皆有不忍人之心者。《孟子》

（二十四）是則。"是"字加重

例如："是則"罪之大者，"是則"章子已矣。《孟子》

（二十五）至於。同"至"字，推論至某事之意

例如："至於"治國家，則曰："姑舍汝所學而從我。"《孟子》

（二十六）有若。與"若"字同

例如："有若"虢叔，"有若"閎夭，"有若"散宜生，"有若"泰顛，"有若"南宮括。《書經》

（二十七）無乃。不滿而猶移委婉之詞

例如："無乃"不可乎。《左傳》

（二十八）則何以。問語而又加以急轉之辭。"何以"二字為介字與其賓格顛倒之補充辭，一方與"則"字同用如聯也

例如："則何以"異於教玉人彫琢玉哉？《孟子》

（二十九）其亦夫。"亦"字加重，猶言彼亦因之云云也

例如：民知不死，"其亦夫"有奮心。《左傳》

第四節　連帶聯字

一四四，上下兩聯字連帶而成其用者，謂之連帶聯字、約舉其例如下。

（一）既……又，言相仍也。

例如："既"奪其土地，"又"殺其人民。

（二）如……則，言預決也。

例如："如"不我從，"則"我將去之。

（三）猶……況，言相比而遞進其程也。

例如：若此"猶"以為不可，"況"如彼乎？

（四）與……寧，言相比而歸於退步也。

例如："與"其兩傷，"寧"勿爭。

（五）雖……必，言表裏相反也。

例如："雖"暫不如人，"必"償所願。

（六）寧……無，消極之詞也。

例如："寧"缺"無"濫

（七）雖……猶，言消極之無妨也。

例如："雖"無善政，"猶"不為民害。

（八）不……焉，激進之詞也。

例如："不"入虎穴，"焉"得虎子。

（九）“雖”/“縱”……“烏”/“焉”推宕而見其難能也。

例如：“雖”/“縱”欲不往，“烏”/“焉”可得哉。

（十）何……有，無有之問語也。

例如：“何”若人“有”。

（十一）若……然（“若”字加重）

例如：“若”不相似“然”。

（十二）則何……之有（同“何有”）

例如：“則何”亡國敗家“之有”？

（注）（十）至（十二）三例係一語兩字相鎖，與以上兩字各承一語不同，然亦有連帶之意，故併列於此以見一格。

第五節　聯字與助字

一四五，凡助字皆可為聯字，惟以其所用之地位為別。（詳助字❶一六七）

【練習題】

下文可講誦，並將文內聯字摘出，有可增聯字者，則以意補之。

愈不肖，行為誠無可取。行已頗僻，與時俗異，然抱愚守迷，固不識仕進之門。迺與羣士爭名，競得失，行人之所甚鄙，求人之所甚利，其為不可，雖童昏實知之。如執事者，不以是為念，援之幽窮之中，推之高顯之上，是知其文之或可，而不知其人之莫可也。知其人之或可，而不知其時之莫可也。既以自咎，又歎執事者，所守異於人人。廢耳任目，華實不兼，故有所進，故有所退。且執事始攷文之明日，浮囂之徒已相與稱曰：“某得矣，某得矣。”問其所從來，必言其

❶ 第一卷第九章第六節“助字與聯字之別”。——編者註

所自。一日之間，九變其說。凡進士之應此選者，三十有二人。其所不言者，數人而已，而愈在焉。及執事既上名之後，三人之中，其二人者，固所傳聞矣。華兼實者也，果竟得之而又升焉。其一人者，則莫之聞矣。實與華違，行與時乖，果竟退之。如是則可見時之所與者，時之所不與者之相遠矣。然愚之所守，竟非偶然，故不可變。凡在京師八九年矣，足不跡公卿之門，名不譽於大夫之口。始者謬為今相國所第，此時惟念以為得失固有天命，不在趨時，而偃仰一室，嘯歌古人。今則復疑矣。未知夫天竟如何、命竟如何？由人乎哉？不由人乎哉？欲事干謁，則患不能小書，困於投刺；欲學為佞，則患言訥詞直，率事不成，徒使其躬儳焉而不終日。是以勞思長懷，中夜起坐，度時揣已[1]、廢然而返。雖欲從之，末由也已。又常念古之人日已進，今之人日已退。夫古之人，四十而仕，其行道為學，既已大成，而又之死不倦。故其事業功德，老而益明，死而益光。故《詩》曰："雖無老成人，尚有典刑。"言老成之可尚也。又曰："樂只君子，德音不已。"謂死而不亡也。夫今之人，務利而遺道，其學其問，以之取名致官而已。得一名，獲一位，則棄其業而役之於持權者之門。故其事業功德日以亡，月以削，老而益昏，死而遂亡。愈今二十有六矣，距古人始仕之年，尚十四年，豈為晚哉？行之以不思[2]，要之以至死，不有得於今，必有得於古；不有得於身，必有得於後。用此自遣，且以為知已[3]者之報。執事以為如何哉？其信然否也？今所病者在於窮得[4]無僦屋賃僕之資，無縕袍糲食之給。驅車出門，不知所之。斯道未喪，天命不欺，豈遂殆哉，豈遂困哉？竊惟執事之於愈也，無師友之處，無

❶ "已"，當為"己"。——編者註
❷ "思"，當為"息"。——編者註
❸ "已"，當為"己"。——編者註
❹ "得"，當為"約"。——編者註

久故之事，無顏色言語之情。卒然振而發之者，必有以見知爾。故盡暴其所志不敢以默。又懼執事多在省，非公事不敢以至。是則拜見之不可期，獲侍之無時也。是以進其説如此。庶執事察之也。韓愈《上考功崔虞部書》

第九章　助字

第一節　助字之作用及種類

一四六，助字者，一字或若干字以助一字或一句之意思，使其充分表現或增加其重量者也。茲大別之為三：（一）發語助字；（二）補綴助字；（三）煞尾助字。

第二節　發語助字

一四七，發語助字者，發語時用以表示語氣之字也。單字者曰單獨類，複字者曰複合類。

一四八，發語助字者，多與聯字相類，界說可別而形式不可分也。其界說維何，則承接上文者謂之聯字。突起無上文可承或與上文不相貫聯者謂之發語助字。

（注）此類字實兼具二者之性，但為便於區分計，不得不為之界說。

一四九，發語助字就成句舉例，其承接上文者較多，皆列入聯字。茲就其突起或意義非直接者，略舉如下。

（甲）單獨類。

（一）夫。加重語意或推論某事發語時用之

例如：“夫”明堂者，王者之堂也。《孟子》

（二）抑。有反上文意思及或字之意。

例如：“抑”王興甲兵，危士臣，搆怨於諸侯，然後快於心與。《孟子》

（三）殆。於意本决定而姑作猶豫語氣時用之，有“恐”字之意

例如：“殆”有甚焉。《孟子》

（四）且。更進之語氣

例如：“且”王者之不作。《孟子》

（五）凡。概括之語氣

例如：“凡”有四端於我者。《孟子》

（六）今。此字若作當今解，當為狀字，助字則意不重在當今，蓋加重詞意耳

例如：“今”有無名之指。《孟子》

（七）敢。助謙下之意

例如：“敢”問國君欲養君子。《孟子》

（八）竊。同上

例如：“竊”比於我老彭。《論語》

（九）請。仝上

例如：“請”無以辭却之。孟子

（十）雖。上讀或上句有姑作推展而托出下讀或下句時用之

例如：“雖”然，何以報我。《左傳》

（十一）縱。同上

例如：“縱”上不殺我，我不愧於心乎。《漢書》

（十二）盖。加重之意

例如：“盖”聞明主圖危以制變。《文選》

（十三）既。用以明已過之意而啟下文

例如："既"以施於國，吾欲用之家。《史記》

（乙）複合類

（一）然則。轉質之意

例如："然則"子之失伍也亦多矣。《孟子》

（二）且夫。較"且"字之意稍重

例如："且夫"枉尺而直尋者。《孟子》

（三）今夫。與前"今"字同而加重

例如："今夫"奕之為數，小數也。

（四）乃若。"若"字加重

例如："乃若"其情，則可以為善矣。《孟子》

（五）此則。"則"字加重

例如："此則"距心之罪也。《孟子》

一五〇，凡發語雖不無與上文相聯之意，但另入一口氣，則與突起無異。

例如：曰："'然則'孔子之仕也，非事道與。"

（注一）上句"然則"雖承上文而言，但有"曰"字間之，則另入口氣，不得謂之聯字而為助字矣。

（注二）以上助字舉例必用成句者以不用成句舉例，則上文是否相聯，與聯字無辨別之法也。但間有原與上文若即若離者，則兩認之均無不可。

第三節　補綴助字

一五一，助字者，句中意有不足，使貫聯而補綴之之字也。約舉其例如下。

（一）則。

例如：若民“則”無恒產。《孟子》

（注）加重於“民”字。

（二）如。

例如：則皇皇“如”也。《孟子》

（注）助“皇皇”而引申之。

（三）為。

例如：惟仁者“為”能以大事小。《孟子》

（注）助“能”字之力。

（四）而。

例如：堯舜之知“而”不徧物。《孟子》

（注）助“知”字。

（五）又。

例如：狂者“又”不可得。《孟子》

（注）助“不可得”三字之力表慨歎之意。

（六）至。

例如：不“至”阿其所好。《孟子》

（注）助“不”字，使和緩之，若言不阿其所好，則意較决絕也。

（七）得。

例如：可“得”聞乎？《孟子》

（注）助“可”字，使請求之語氣益為和緩。

（八）其。

例一，如之何“其”使斯民飢而死也。《孟子》

（注）補綴全句語氣，使表慨感之意。

例二，彼“其”子重也。《左傳》

（注）表猶豫不能確定之意。

（九）且。

例如：我“且”往見。《孟子》

（注）加重“往”字之意。

（十）以。

例如：五十者可“以”衣帛矣。《孟子》

（注）助“可”字之力。

（十一）之。

例如：民“之”望之。《孟子》

（注）上“之”字為助，故無意義，僅助“望”字之加重。若下“之”字，則為代字，動字“望”之賓格也。

（十二）夫。

例如：王知“夫”苗乎？《孟子》

（注）加重“苗”字。

（十三）者。

例如：螬食實“者”，過半矣。《孟子》

（注）用為上讀之頓。

（十四）乃。

例如：夫我“乃”行之。《孟子》

（注）助“行”字，表示強行之意。

（十五）是。

例如：戎狄“是”膺。《孟子》

（注）助成被動式。

（十六）也。

例如：非我“也”，兵也。《孟子》

（注）助表示下讀解釋上讀之意。

又 故民之從之“也”輕。《孟子》

（注）為上讀之句頓。

（十七）蓋。

例如：謂天“蓋”高。《詩經》

（注）謂天實高也，有實在之意。

（十八）固。

例如：天下“固”畏齊之強也。《孟子》

（注）有當然或已然之意。

（十九）猶。

例如：困獸“猶”鬥。《左傳》

（注）有仍字之意。

（二十）嘗。

例如：吾“嘗”聞之矣。《孟子》

（注）一方為表示過去之助動字，“曾”字同。一方則使語氣婉轉。

（二一）請。

例如：臣“請”為王言樂。《孟子》

（注）表示請求之意，似欲得其許可而後言也。

（二二）有。

例如：古之人“有”行之者，武王是也。

（注）助表“古之人中有行之”者，明非皆然也。

（二三）所。

例如：仲子“所”居之室。《孟子》

（注一）“所”字為助，其作用有三，茲以上句為例，則：（一）助主格“仲子”而增其重；（二）合“仲子”與動字“居”及系屬字“之”而為名字“室”之表辭；（三）助動字“居”，使表現概括性，謂一切仲子曾居之室皆在內也。故“所”字於各句內用作助字均含有此三種作用，學者注意。

（注二）“所”字《馬氏文通》列入代字者，誤也。茲舉一例，反證其不可通。《文通》引：

《匈奴列傳》天所立大單于，敬問皇帝陛下無恙。

按上句依“注一”及析字法解析之應為：

“天”——名字。

“所”——助字，助名字“天”而增其重，合名字“天”及動字“立”而為名字“大單于”之二重表辭。

“立”——動字，以助字“所”合于“天”字而成表辭。

“大”——表字。

“單于”——名字，為動字“問”之主格，有“大”為其表字及“天所立”為其二重表辭。

“敬”——狀字，狀動字“問”。

“問”——動字，本句主動，有“單于”為其主格，“皇帝陛下”為其賓格。

“皇帝陛下”——名字，為動字“問”之賓格。

上法極順而明顯，可見合之“無恙”（動及賓格，為全句之補充辭）二字其式仍為：

“天所立大單于，敬問皇帝陛下無恙”。

今馬氏之說曰：“所”指“大單于”，為其接讀代字，則以“所”字地位用“大單于”代之，其式應為：

天“大單于”（原“所”字地位）立大單于云云。其說之不可通者一。若謂“所”字既代“大單于”，應將其地位移於“大單于”地位，則置原有之“大單于”三字於何地？強為之則為：

天立$\genfrac{}{}{0pt}{}{\text{大單于}}{\text{大單于}}$云云。其說之不可通者二。

以此類推，則《馬氏文通》及其他國文典等書斷“所”字為代字者，其說誤也。

第四節　煞尾助字

一五二，煞尾助字者，用之於語尾而補助其全句之辭氣者也。更析之為二：（一）煞尾決定字；（二）煞尾疑問字。其間亦各有單獨與複合之別，茲約舉之如下。

（一）煞尾決定字。

（1）單獨類。

（甲）“也”字，約舉其用凡十。

（一）助論斷之語氣。

例如：某，君子人“也”。

（二）助解釋之語氣。

例如：朱者，赤“也”。

（三）助主格之頓煞而加重其語氣。

例如：某“也”，可謂好學之士矣。

（四）助一讀之頓煞而加重其語氣。

例如：某之好學“也”，特甚。

（五）助連叙同類之字、同式之句，而使之一貫。

例如：博“也”，厚“也”，高“也”，明“也”，悠“也”，久“也”。叙同類之字成句。《中庸》

惻隱之心，仁之端“也”。羞惡之心，義之端“也”。恭敬之心，禮之端“也”。是非之心，智之端“也”。叙同式之句。《孟子》

（六）句有二讀，上讀長而下讀過短者，則助以足之。

例如：君子之德，風“也”。《孟子》

（七）上字與下字不同類而形式相類易滋混淆者，則助為析之。

例如：古之狂“也”肆。今之狂“也”蕩。《孟子》

（注）上句上“狂”字為名，其下“肆”及“蕩”為表，所以表名字“狂”者。而兩字相連，形式相類，若去也字，則變為“古之狂肆”“今之狂蕩”，語意混淆，不可解矣。

（八）以表字置名字或代字後而表之之時為介其間，以助其斷。

例如：某“也”慧。某“也”愚。某“也”不才。

（九）以一動字為一語，助之以表決斷。

例如：姜曰：行“也”。《左傳》

（十）助文字之終結而為之總煞。

例如：此可長深思也。

（乙）“矣”字，約舉其用凡五。

（一）表已然之語氣。

例如：其所由來者遠“矣”。

（二）置之狀與表之間而加重其語氣。

例如：甚“矣”，憊。《左傳》

（三）置之動字之後而促其進行者。

例如：行“矣”，勉之。

（四）置之表字之後而為美感之語氣者。

例如：可謂盛“矣”。

（五）未來之事，故設決斷之詞，視等已然之語氣。

例如：如有不嗜殺人者，則天下之民皆引領而望之“矣”。《孟子》

（丙）“已”字其用與“矣”通，通常用之極少，但用“矣”之處，無不可改用“已”也。

例如：以有涯隨無涯，殆“已”。《莊子》

又自夏以往，其流不可聞“已”。《漢書》

（注）兩“已”若改作“矣”字均可。玆不贅。

（丁）“焉”字，約舉其用凡二。

（一）助已然之語氣而較為紆徐，且有“於此”之意。

例如：於吾心有戚戚“焉”。《孟子》

（二）述當前之事實而有“於此”之意。

例如：寶藏興焉。《孟子》

（注）言寶藏興於“此”也。

（戊）“耳”字在助之用，以明僅止此之義。

例如：彼一夫之勇“耳”。

（己）“爾”字之用凡二。

（一）與前“耳”字同。

例如：唯僅“爾”。《論語》

（二）表“如是”之意。

例如：僕何能“爾”。《韓文》

（庚）“者”字之用凡二。

（一）助被解釋之字而為之頓。

例如：助“者”，藉也。《孟子》

（二）引成語而為之頓。

例如：所謂大人“者”，不失其赤子之心者也。《孟子》

（辛）“哉”字在決定助字中用為美感之意。

例如：美“哉”。《論語》

（壬）“乎”字在決定助字中用助頓煞美感之意。

例如：郁郁“乎”文哉。《論語》

（癸）“夫”字之用凡二。

（一）似為問語而非，有搖曳生姿之態，姑作懸揣之意。

例如：必子之言“夫”。《孟子》

（二）詠嘆而悲惻之意。

例如：悲“夫”。

（2）複合類。

（甲）者也。“也”字加重

例如：舍生而取義“者也”。《孟子》

（乙）也者。“者”字加重，助被解釋之詞

例如：集大成“也者”。《孟子》

（丙）已矣。“矣”字畧重

例如：賜也，始可與言詩“已矣”。《論語》

（丁）也已。意同前而較紆徐

例如：可謂好學“也已”。《論語》

（戊）耳矣。有止能如是之意

例如：人之易其言也，無責“耳矣”。《孟子》

（己）焉爾。

“爾”字加重而有“於此”之意。

例如：唯祭祀之禮主人自盡“焉爾”。《禮記》

（庚）焉耳。仝上

例如：敬之，斯盡其道“焉耳”。《禮記》

（辛）而已。謂即可之意

例如：言舉斯心加諸彼“而已”《孟子》

（壬）爾也。“也”字略重

例如：所欲與之聚之，所惡勿施“爾也”。《孟子》

（癸）矣夫。“矣”字略重而有詠歎之意

例如：固“矣夫”，高叟之為詩也。《孟子》

（子）云爾。表“僅如此說”之語氣

例如：是何足與言仁義也“云爾”。《孟子》

（丑）矣哉。贊許之意

例如：庶“矣哉”。《論語》

（寅）而已矣。同前“而已”而益緜邈

例如：亦有仁義“而已矣”。《孟子》

（卯）也已矣。助消極而益緜邈之意

例如：吾末如之何“也已矣”。《孟子》

（辰）而已耳。同前意

例如：則千百年乃一人“而已耳”。《史記》

（巳）而已也。同前意

例如：是代之“而已也”。蘇文

（二）煞尾疑問字

（1）單獨類。

（甲）“乎”字，約舉其用凡三。

（一）直助疑問之語氣。

例如：汝欲何往“乎”？

（二）假作疑問以加重語氣者。

例如：不亦宜“乎”？《孟子》

（注）凡此類語氣必用“豈”“不”等字相反激而成。

（三）預測之辭而有詠嘆之意者。

例如：吳其為沼“乎”！《左傳》

（乙）“哉”字之用有二。

（一）在疑問助字中用之，以助驚疑之意。

例如：有是“哉”。《論語》

（二）有姑作疑問而其意實甚確定者。

例如：周公豈欺我“哉”？《孟子》

（丙）“耶”字之用凡三。《“邪”同》

（一）直為疑問語氣。

例如：汝知之“耶”？

（二）假設疑問以加重其語氣者。

例如：外其身以身存。非以其無私“耶”？《老子》

（三）懸測以詠歎之。

例如：天之蒼蒼，其正色“邪”，其遠而無所至極“邪”？《莊子》

（丁）“與”字之用亦三。“歟”同

（一）直為疑問語氣者。

例如：其詳可得聞“與”？

（二）假設疑問以加重其語氣者。

例如：夫作法制以教天下者，非周公孔子“與”？《韓文》

（三）懸測以詠歎者。

例如：是知其不可為而為之“與”？

（戊）“夫”字在疑問助字中含有懸測之辭。

例如：汝聞人籟而未聞天籟“夫”？《莊子》

（已）“諸”字為助字“之於”或“之乎”之合體，其用凡二。

（一）直助疑問者。

例如：文王之囿方七十里，有“諸”？《孟子》

（二）懸測而不决之辭。

例如：則使齊人傅“諸”，使楚人傅“諸”？《孟子》

（庚）“來”字本為動字而有時置諸煞尾以助嚴詰之語氣。

例如：子其有以語我“來”！《莊子》

（2）複合類。

（甲）否乎。或然或不然之意

例如：如此則動心“否乎”？《孟子》

（乙）矣乎。意既知之而姑作懸測之語氣

例如：然則夫子既聖“矣乎”？《孟子》

（丙）乎哉。“乎”字略重，姑作疑問之語

例如：吾何慊“乎哉”？《孟子》

（丁）也哉。“哉“字略重

例如：是豈人之情“也哉”？《孟子》

（戊）也與。嘆美而姑作疑問語氣

例如：語之而不惰者，其回“也與”？《論語》

（已）也耶。詰問之語氣

例如：疇昔之夜，飛鳴而過我者，非子“也耶”？蘇文

（庚）耳哉。“哉“字略重

例如：豈特攫其腓而噬之“耳哉”？《國策》

（辛）矣夫。“矣”字兼疑問語氣，有含蓄之意

例如：三年之喪，亦已久“矣夫”？《禮記》

（壬）也夫。詠嘆而含悲測，亦有問意

例如：亡之命“也夫”？

（癸）也乎哉。助疑問而益為緜邈之意

例如：吾罪“也乎哉”？《左傳》

（子）也與哉。同前意

例如：鄙夫可與事君“也與哉”？《論語》

（丑）焉耳乎。“乎”字加重，有“若是乎”之意

例如：汝得人“焉耳乎”？《論語》

一五三，有助詠嘆贊美之意而用之於古文或韻語之煞尾助字為通常文字所不經見者，有“而”“思”“斯”“只”“且”“兮”“其”“些”“馨”等字。

例如：俟我於著乎“而”。《詩經》

不可度“思”，矧可射“思”。同上

彼何人“斯”。同上

母也天“只”，不諒人“只”。同上

悠悠昊天，曰父母“且”。同上

吁嗟闊“兮”，不我活“兮”。同上

夜如何“其”。仝上

東方不可以止“些”。屈子

冷如鬼手“馨”。《世說》

（注）“馨”字《升庵集》論之甚詳，其說云：“馨字，晉人以為語助辭。《王衍傳》：何物老嫗，生此寧馨兒！《世說》：劉眞長語桓溫曰：‘使君如馨地，寧可鬭戰求勝。’王導與何次道語，舉手指地曰：正自爾馨；王朗之雪中請王螭，持其臂。螭撥其手曰：‘冷如鬼手馨，強來捉人臂。’劉惔譏殷浩云：‘田舍兒強學人作爾馨。’合此觀之，其為語助辭了然。”

第五節　助字與他字之別

一五四，補綴助字有時與他字相類者，其別在句中去助字，其語氣雖欠而句字仍全。若為他種字而去之，則句字不全或變更其意矣。

例一，王知“夫”苗乎。《孟子》

（注）上句“夫”，助字也。若去之為“王知苗乎”，其語意雖微差，而句仍全也，故知為助。

又，一“夫”不獲。

（注）上句“夫”，名字也，去之則不成辭。

例二，五十者可“以”衣帛矣。《孟子》

（注）上句“以”，助字也，去之為“五十者可衣帛矣”，而句仍全也。

又，殺人“以”挺與刃。《孟子》

（注）上句“以”，介字也，去之則不成辭。

例三，不“至”阿其所好。《孟子》

（注）上句“至”，助字也，去之為“不阿其所好”，而句仍全也。

又，泰伯可謂“至”德也已矣。《論語》

（注）上句“至”，表字也，去之則不成辭。

例四，狂者“又”不可得。《孟子》

（注）上句“又”，助字也，去之則為“狂者不可得”，而句仍全也。

又，其失“又”見。

（注）上句“又”，狀字，狀動字“見”，謂其失再見，去之則句意非矣。

第六節　助字與聯字之別

一五五，助字與聯字之別凡三：（一）聯字必有兩句或兩字而介乎其中，助字則否；（二）聯字之兩句或兩字必為平列，助字則否；（三）有上文則為聯字，無上文則為助字。

例一，子之辭靈丘，而請士師。《孟子》

（注）上句“而”，聯字也，介乎辭“靈丘”“請士師”兩讀之間而兩讀相並列。

例二，五旬“而”舉之。《孟子》

（注）上句“而”，助字也，為其上下語氣相聯，非並列之讀也。

例三，吾不忍其觳觫，“若”無罪而就死地。《孟子》

（注）上句“若”，聯字也，以有“吾不忍其觳觫”句為之上文也。

例四，曰：“‘若’寡人者，可以保民乎哉？”《孟子》

（注）上句“若”，助字也，以發語即用之，無上文也。

【析字式】

陽貨欲見孔子，而惡無禮。大夫有賜於士，不得受於其家，則往拜其門。陽貨矙孔子之亡也，而饋孔子蒸豚。孔子亦矙其亡也，而往拜之。當是時，陽貨先，豈得不見?

陽貨——專名，少數，為動字疊用“欲見”之主格。

欲見——外動字疊用，有名字“孔子”為其賓格。

孔子——專名，少數，為外動字“欲見”之賓格。

而——聯字。

惡——外動字，以名辭“無禮（之行為）”為其賓格。

無禮——表辭，省系屬字及其所表之名而用如名辭，為外動“惡”之賓格。

大夫——公名，少數，為準動字“有”之主格。

有——準動字，其賓格“物”省。

賜——內動字，合“於士”二字而為賓格補充辭。

於——介字，以名字“士”為其賓格。

士——公名，少數，為介字“於”之賓格。

不——狀字，狀助動字“得”。

得——助動字。

受——內動字，主格“士”省。

於——介字。

其——系屬表字，表名字“家”。

家——羣名，少數，為介字“於”之賓格。

則——聯字。

往拜——外動字疊用，主格“士”省。

其——系屬表字，表名字“門”。

門——公名，少數，為疊用動字“往拜”之賓格。

陽貨——專名，少數，為動字“瞯”之主格。

瞯——外動字，以名字“亡”為其賓格。

孔子之——系屬表字，表名字“亡”。

亡——玄名，少數，為動字“瞯”之賓格。

也——煞尾助字。

而——聯字，聯上句“陽貨瞯孔子之亡也”。

饋——外動，以“孔子”（直接）“豚”（間接）為其兩重賓格。

孔子——專名，少數，為動字“饋”之直接賓格。

蒸——情况表字，表名字“豚”。

豚——公名，少數，為動字“饋”之間接賓格。

孔子——專名，少數，為動字“矙”之主格。

亦——次數狀字，狀動字“矙”。

矙——外動字，以名字“亡”為其賓格。

其——系屬表字，表名字“亡”。

亡——玄名，少數，為動字“矙”之賓格。

也——煞尾助字。

而——聯字，聯上句“孔子亦矙其亡也”。

往——外動字，與動字“拜”疊用，以代字“之”為其賓格。

拜——外動字，與動字“往”疊用，以代字“之”為其賓格。

之——指人代字，少數，為疊用動字“往拜”之賓格。

當——介字，以名字“時”為其賓格。

是——方位表字，表名字“時”。

時——玄名，少數，為介字“當”之賓格。

陽貨——專名，少數，為動字“先”之主格。

先——內動，以名字“陽貨”為其主格。

豈——疑問狀字，狀助動字“得”，兼聯之用、聯上句“陽貨先”。

得——助動字。

不——狀字，狀動字“見”。

見——外動字，賓格省。

【練習題】

（甲）下文可講誦，並摘取其中助字而分其類。

性也者，與生俱生也；情也者，接於物而生也。性之品有三，而其所以為性者五；情之品有三，而其所以為情者七。曰何也？曰性之品有上中下三：上焉者，善焉而已矣；中焉者，可導而上下也；下焉者，惡焉而已矣。其所以為性者五：曰仁、曰禮、曰信、曰義、曰智。上焉者之於五也，主於一而行於四；中焉者之於五也，一不少有焉，則少反焉，其於四也混；下焉者之於五也，反於一而悖於四。性之於情視其品。情之品有上中下三。其所以為情者七：曰喜、曰怒、曰哀、曰懼、曰愛、曰惡、曰欲。上焉者之於七也，動而處其中；中焉者之於七也，有所甚，有所亡，然而求合其中者也；下焉者之於七也，亡與甚，直情而行者也。情之於性視其品。孟子之言性，曰人之性善；荀子之言性，曰人之性惡；揚子之言性，曰人之性善惡混。夫始善而進惡，與始惡而進善，與始也混而合也善惡，皆舉其中而遺其上下者也，得其一而失其二者也。叔魚之生也，其母視之，知其必以賄死；楊食我之生也，叔向之母聞其號也，知必滅其宗；越椒之生也，子文以為大戚，知若敖之鬼不食也。人之性果善乎？后稷之生也，其母無災，其始匍匐也，則岐岐然，嶷嶷然；文王之在母也，母不憂，既生也，傅不勤，既學也，師不煩。人之性果惡乎？堯之朱，舜之均，文王之管蔡，習非不善也，而卒為姦；瞽瞍之舜，鯀之禹，習非不惡也，而卒為聖。人之性善惡果混乎？故曰："三子之言性也，舉其中而遺其上下者也，得其一而失其二者也。"曰："然則性之上下者，其終不可移乎？"曰："上之性，就學而愈明；下之性，畏威而寡罪。是故上者可教，而下者可制也。其品則孔子謂不移也。"曰："今之言性者異於此。何也？"曰："今之言者，雜佛老而言也。雜佛老而言也者，奚言而不異！"韓愈《原性》

（乙）試將下列句中"之""而""其""則"四字，別其孰為助字或非助字，並各為表明其屬於何類。

（一）老子“之”小仁義。

（二）入者主“之”。

（三）天下“之”公言也。

（四）法者，行君之令“而”致“之”民者也。

（五）必棄“而”君臣，去“而”父子。

（六）其亦幸“而”出於三代“之”後。

（七）其孰從“而”求“之”。

（八）不惟舉“之”於“其”口，“而”又筆“之”於“其”書。

（九）吾子“其”亦聞矣。

（十）生“則”得“其”情，死“則”盡“其”常。

（十一）有物有“則”。

（十二）平百姓，和萬邦，“則”天道，揆人情。

（十三）“其”無餘也，“則”善矣。

（十四）志不可“則”。

第十章　感字

第一節　感字之作用及其分類

一五六，感字者，心有所感而發為聲音之字，約分四類：（一）美感字；（二）激感字；（三）同感字；（四）反感字。

第二節　美感字

一五七，美感字者，表示贊美之感也，此類不用另字而藉助字“哉”“乎”“矣”“已”“也”“也已矣”等字之語氣成之。

例一，水“哉”水“哉”。《論語》

例二，美“哉”洋洋“乎”。《左傳》

例三，郁郁“乎”文“哉”。《論語》

例四，皜皜“乎”不可尚“已。”“矣”同《孟子》

例五，其可謂至德“也已矣”。《論語》

第三節　激感字

一五八，激感字者，用以表中心有激之感，其字約舉之，得二十有六：（一）於戲；（二）嗚呼；（三）于嗟；（四）嗟茲（“嗟子”同）；（五）嗟乎；（六）叱嗟（咄嗟同）；（七）悲夫；（八）嚄；（九）噫；（十）抑；（十一）懿；（十二）唉；（十三）熙；（十四）吁；（十五）嗟；（十六）呼；（十七）呰；（十八）嘻；（十九）嚇；（二十）咄；（二十一）咨；（二十二）兮；（二十三）矣；（二十四）已；（二十五）唶；（二十六）欸。

例一，“於戲”，前王不忘！《詩經》

例二，“嗚呼”，曾為泰山不如林放乎！《論語》

例三，“于嗟”麟兮。《詩經》

例四，“嗟茲乎”，聖人之言長乎哉！《管子》

又，“嗟嗞乎”，司空馬！《秦策》

“嗟子”乎，此蓋吾先君文武之風也夫。《書大傳》

例五，“嗟乎”，無以汝色驕人哉！《徐無思》

例六，“叱嗟”，而母婢也！《趙策》

例七，不然天下將被其禍而吾獲知言之名，“悲夫”！《蘇洵》

例八，武帝下車泣曰：“‘嚄’，大姊，何藏之深也？”《漢書》

例九，“噫”，天喪予，天喪予！《論語》

例十，“抑”此皇父。《詩經》

例十一，“懿”語哲婦。（同上（原箋）“抑”“懿”皆同“噫”）

例十二，“唉”，豎子不足與謀！《漢書》

例十三，“熙”！我念孺子。《漢書》

例十四，“吁”，嚚訟可也。《書經》

例十五，“嗟”我懷人。《詩經》

例十六，曾子聞之，瞿然曰：“‘呼’。”《禮記》

例十七，子反叱曰：“‘訾’，退。”《呂氏春秋》

例十八，夫子曰：“‘嘻’！”《禮記》

例十九，仰而視之曰：“‘嚇’！”《莊子》

例二十，潭墮馬顧曰：“‘咄’，兒過我。”《漢書》

例二十一，“咨”，汝羲暨和。《書經》

例二十二，子“兮”子“兮”。《詩經》

例二十三，甚“矣”憊。《左傳》

例二十四，“已”，予惟小子。《書經》

（注）孔傳謂“已”為發端歎字。

例二十五，春陵有望氣者，曰：“喈，佳哉，鬱鬱葱葱。”《漢書》

例二十六，范增曰：“欸。孺子不足與圖大事！”《史記》

又，或問王翦曰：“始皇方獵六國而翦牙欸。”《揚子法言》

第四節　同感字

一五九，同感字者，表示有同情之感者也。其字約舉之凡五：（一）俞；（二）都；（三）唯；（四）然；（五）諾。

例一，帝曰：“‘俞’予聞如何？”《書經》

例二，帝曰：“‘都’。”同上

例三，曾子曰：“‘唯’。”《論語》

例四，王曰：“‘然’，誠有百姓者。”《孟子》

例五，孔子曰："'諾'，吾將仕矣。"《論語》

第五節　反感字

一六〇，反感字者，表示中心反感，不以為然之意也。其字凡二：（一）否；（二）惡。

例一，王曰："'否'，吾何快於是？"《孟子》

例二，"惡"，是何言也？《孟子》

第六節　感字之地位

一六一，感字之地位茲分述之如下：

（甲）美感字借用助字者應在讀末或句末。

例如、郁郁"乎"讀末文"哉"句末。《論語》

（乙）激感字多在句前見前例，惟借用助字者，則亦在讀末或句末。"兮""矣"見前例

（丙）反感字多在句前。見前例

一六二，激感字"嗟"有用於句中或句末者，但不多見。

例一，何"嗟"及矣。《詩經》

例二，民言無嘉，憯莫懲"嗟"。《詩經》

一六三，激感字"噫""嘻""於戲"或"嗚呼"等亦多有用之論事總結之句末，以表感嘆不盡之意者，與本章第三節例七"悲夫"同。

例如：邪人進說，遂陷無道，於戲！《史記》

（注）上“於戲”易作“嗚呼”或“噫”“嘻”，均可。但此類字移用句前亦可。如“悲夫，計之生孰成敗於人也深矣”。“於戲，惜哉”。均《史記》。

總之各感字除借用助字外，其用於句之前後，皆視其習慣也。

【練習題】

（甲）試將以下各感字用以成感歎之句。

（一）哉；（二）矣；（三）乎；以上用作美感字（四）於戲或嗚呼；（五）嗟乎；（六）咄；（七）咄嗟；（八）噫；（九）嘻；（十）悲夫；（十一）兮；（十二）矣；以上用作激感字（十三）然；（十四）諾；以上用作同感字（十五）否；（十六）惡。以上用作反感字

（乙）試將下列句中各字分別解析之。

伊尹相湯以王於天下。湯崩，太丁未立。外丙二年，仲壬四年，太甲顛覆湯之典刑，伊尹放之於桐三年。太甲悔過，自怨自艾，於桐處仁遷義，三年以聽伊尹之訓已也，復歸於亳。

第一卷附卷 字之通用

《孟子》“同字異用表”附補

吾國文字大都無不可假借者。用之既久，眞意反泯。劉彦和《文心雕龍》所謂“義訓古今，興廢殊用”也。是以閱時愈久，則其推衍愈繁。劉氏又謂：綴字屬篇，必須練擇，一避詭異，二省聯邊，三權重出，四調單複。是以通常之字其用益多。亦所謂“晋來用字，率從簡易”。詭異者既避而不用，重出則同字相犯，又為文章之忌。斯可用之字減少，而假借之用益繁。今以西文之法例之國文，自馬氏《文通》始，皆以一切用字大致各仿西文別其名類，而唯一難題，厥為字形一致其於各類字體之單字既不若西文之原有分別，亦不若西文之可以頭尾易形以判界說。而尤以名、表、動、狀四類幾無不可通用者。若離句而言字，欲如西文之強為別類，戛戛其難。然自馬氏以降，所著國文文典諸作多於此事忽而不講，甚至強為別類，曰：若者為名，若者為動，若者為表，若者為狀。強國文以同西文，又何異於削足適履？斯迷離惝恍，不可究詰矣。即本書前列各章互著其彼此通用之例，亦僅就表面而言。若細按之，其原始之為名、為動、為表、為狀，歷來吾國字書初無一定之辨別，又安得逐字為之釐定？實則國文造字以來，六書之說義原極晦，假借一途，其用最廣，轉輾引用，或一字而兼數義，或一義而兼數用，強為區分，殆不可能。茲必欲衡之以法，亦唯有視其所用之地位而異。學者知此，而後可以盡字之用。茲就《孟子》一書，任擇百字，列為同字異用表。其同隸一類而用法義意不同者，則並列之。其用法較少者，則以意補之。或仍取諸舊籍，或取通俗流行之語，初無抉擇，取其較備及通用而已。《孟子》之文，雖秦漢以前書，而通暢不尚詭異，易為世人所同曉，以為文範，允稱適當。學者研此百字以及其他，觸類旁通，盡用字之妙猶反掌耳！作《孟子》“同字異用表”如后。

（一）**為**。

（甲）用如名。

象不得有“為”於其國。玄名，為動字“有”之賓格

（乙）表辭省名而代其用。

善推其所“為”而已矣。指物代字，所為，言所為之事，省名字“事”及其系屬字“之”而代之

（丙）用如動。

（一）文王以民力“為”臺“為”沼。（一解）作也。外動，以名字“臺”“沼”為其賓格

（二）民猶以“為”小也。（二解）認為也。內動，表字“小”為其主格補充辭

（三）爾“為”爾，我“為”我。（三解）是也。準動，內動之用。代字“爾”“我”為其主格補充辭

（四）是焉得“為”大丈夫乎？（四解）稱也。外動，被動句，謂“是焉得被稱為大丈夫也”。“大丈夫乎”為其補充辭

（丁）用如表。

不“為”者與不能者之形何以異？“不為者”，謂“不為之人”也。“為”與“不”合而為表辭以表代字“者”

（戊）用如介。

（一）苟“為”後義而先利。著因（一解）因也

（二）“為”我作君臣相悅之樂。著代（二解）代也

（己）用如聯。

然則一羽之不舉，“為”不用力焉。聯兩名，有“因”字之意

（庚）用如助。

惟仁者“為”能以大事小。補綴助字

（二）**以**。

（甲）用如名。

無以，則王乎？無以，猶言“無法”也。玄名，為準動字“無”之賓格

（乙）用如代。

亦將有“以”利吾國乎。以，本為介字，言亦“將有道以之利吾國乎”，“道”字省，遂以“以”字兼而代之，故曰：代也，指物代字，為動字“有”之賓格

（丙）用如動。

百姓皆“以”王為愛也。以，猶度也。外動，以名字“王”為其賓格

（丁）用如狀。

木若“以”美然。（原注）以，通“已”，太也。普通狀字（量數），比較式狀表字“美”

（戊）用如介。

殺人“以”梃與刃。著用

（己）用如聯。

為其養小“以”失大也。聯“養小”“失大”兩讀。同“而”字

（庚）用如助。

五十者可“以”衣帛矣。補綴助字

（三）**若**。

（甲）用如代而轉為表。

以“若”所為，求“若”所欲。若，汝也。本為代，今用為系屬表字，言以“若”之所為事，求“若”之所欲事也

（乙）用如動。

無“若”宋人然。準動，以名字“人”為其賓格

（丙）用如表。

瞽瞍亦允“若”。（原注）若，順也。情狀表字，表名字“瞽瞍”

（丁）用如狀。

飲食"若"流。普通狀字（未定），狀動字"流"

（戊）用如聯。

"若"禹，"若"湯，"若"文王，"若"太公望，"若"散宜生。聯各句

（己）用如助。

"若"仲子者。發語助字

（四）則。

（甲）用如名。

故有物必有"則"。玄名，為動字"有"之賓格

（乙）用如動。

惟堯"則"之。外動，以代字"之"為其賓格

（丙）用如介。

智譬"則"巧也。著在，與"於"字同

（丁）用如聯。

（一）河內凶，"則"移其民於河東。上因下果，（一解）即也。聯兩句

（二）以五十步笑百步，"則"何如？（二解）却也。同前

（三）如有不嗜殺人者，"則"天下之民皆引領而望之矣。（三解）乃也，或於是也。同前

（四）無以，"則"王乎？（四解）惟有也。言"惟有講王道也"。同前

（五）王若隱其無罪而就死地，"則"牛羊何擇焉？（五解）於也。同前。亦可指為介字

（六）雖有惡人，齋戒沐浴，"則"可以祀上帝（六解）亦也。同前

（七）充仲子之操，"則"蚓而後可者也。（七解）惟也。同前

（八）如智者，若禹之行水也，"則"無惡於智矣。（八解）可也。同前

（九）士師不能治士，"則"如之何？（九解）應也。同前

（十）工師得大木，"則"王喜。（十解）故也，或於是也。同前

（十一）竭力以事大國，“則”不得免焉。（十一解）仍也。同前

（十二）如以利，“則”枉尋直尺而利，亦可為與。（十二解）苟也。同前

（十三）其好惡與人相近也者幾希，“則”其旦晝之所為，有梏亡之矣。（十三解）斯也。同前

（十四）由是，“則”可以解患而有不為也。（十四解）雖也。同前

（戊）用如助。

（一）聖，“則”吾不能。補綴助字，加重“聖”字之意

（二）所以為蚳鼃“則”善矣。同前，有“固”字之意，加重“蚳鼃”

（三）其文“則”史。同前，有“為”字之意，加重“史”字

（五）子。

（甲）用如名。

（一）孟“子”見梁惠王。（一解）學者之尊稱也。公名，為動字“見”之主格

（二）長“子”死焉。（二解）為人之後者，謂之子。公名，為動字“死”之主格

（三）二三“子”何患乎無君？（三解）人也。公名，為動字“患”之主格

（四）莫良於眸“子”。（四解）小圓也眸子，圓瞳也。公名，為介字“於”之賓格

（乙）用如代。

“子”好勇乎。汝也。指人代字，為動字“好”之主格

（丙）用如動。

盛德之士，君不得而臣，父不得而“子”。謂父不得“子”之也。外動，賓格“之”省，指“盛德之士”，已提先用之矣

（丁）用如表。

共為“子”職而已矣。系屬表字，表名字“職”

（戊）用如狀。

庶氏“子”來。普通狀字（情況），狀動字“來”

（六）非。

（甲）用如名。

惟大人為能格君心之“非”。玄名，為動字“格”之賓格

（乙）用如動及表。

不得而“非”其上者，“非”也。前“非”，外動，以名字“上”為其賓格。後“非”，情狀表字，謂其人之行為謬也，為主格補充辭，其主格及主動均省

（丙）用如表。

如知其“非”義。情狀表字，表名字“義”

（丁）用如狀。

（一）我“非”愛其財而易之以羊也。普通狀字（是否），狀動字“愛”

（二）城“非”不高也。同前，狀狀字“不”

（戊）用如聯兼狀。

所謂故國者，“非”謂有喬木之謂也。聯上句。並狀（是否）動字“謂”

（七）直。

（甲）用如名。

以“直”養而無害。玄名，為介字“以”之賓格

（乙）用如動。

我且“直”之。外動，為主格“我”之主動，以代字“之”為其賓格

（丙）用如表。

不“直”，則道不見。情狀表字，其所表之字省

（丁）用如狀。

非“直”為觀美也。普通狀字（量數），狀動字“為”，大意同“僅”

（戊）用如聯。

不可，“直”不百步耳。與其上句聯，亦有“僅”字之意

（八）惡。

（甲）用如名。

推惡“惡”之心。公名或玄名，為外動“惡”之賓格。言“惡人”或“惡事”也

（乙）用如動。

且人“惡”之。外動，以代字“之”為其賓格，與（甲）例前“惡”字同

（丙）用如表。

“惡”聲至。情狀表字，表名字“聲”

（丁）用如狀。

彼“惡”敢當我哉？疑問狀字（是否），狀助動字“敢”。言何敢也

（戊）用如感。

“惡”，是何言也。反感字

（九）一。

（甲）用如名。

定于“一”。玄名，為介字“于”之賓格

（乙）表省名而用如名。

以“一”服八。公名，謂“以一國服八國”也。省名字“國”而代之，為介字“以”之賓格

（丙）用如動。

孰能“一”之。外動，以代字“之”為其賓格

（丁）用如表。

而不足以舉“一”羽。數目表字，表名字“羽”

（戊）用如狀。

願比死者“一”洒之。普通狀字（次數），狀動字“洒”

（十）至。

（甲）用如名。

規矩，方圓之“至”也。玄名，言極點也。有“方圓之”為其系屬表辭

（乙）用如動。

而功不"至"於百姓者。內動，為主格"功"之主動。達也

（丙）用如狀。

"至"大"至"剛。普通狀字（量數、比較），狀表字"大""剛"

（丁）合"於"字用如聯。

"至"於治國家。聯其上文

（戊）用如助。

不"至"阿其所好。補綴助字

（一一）之。

（甲）用如代。

王往而征"之"。指物代字，為外動"征"之賓格

（乙）用如動。

然後驅而"之"善。外動，猶"至"也。以名字"善"為其賓格

（丙）用如表。

萬乘"之"國。系屬字，合"萬乘"二字為系屬表辭，表名字"國"

（丁）用如介。

臣聞"之"胡齕曰。著自，同"諸"字。以名字"胡齕"為其賓格

（戊）用如助。

一羽"之"不舉。補綴助字

（一二）是。

（甲）用如代。

誠如"是"也。指物代字，為主動"如"之賓格

（乙）用如動。

鈞"是"人也。準動，以名字"人"為其主格補充辭。主格省

（丙）用如表。

“是”謀，非吾所能及也。方位表字，表名字“謀”

（丁）用如聯。

材木不可勝用，“是”使民養生喪死無憾也。聯兩句

（戊）用如助。

戎狄“是”膺。補綴助字，助成被動式，或謂之助動字

（一三）然。

（甲）用如代句。

矢人惟恐不傷人，函人惟恐傷人，巫匠亦“然”。代前兩句

（乙）用如動。

火之始“然”。內動，主格“火”之主動

（丙）用如表。

曰非“然”也。情狀表字，所表之名字省

（丁）用如聯。

蓋不敢不飽也，“然”終於此而已矣。聯其上句

（戊）用如助。

今言王若易“然”。煞尾助字

（一四）猶。與“由”通

（甲）用如動。

其性亦“猶”是也。準動，與“類”字同義，以代字“是”為其賓格

（乙）用如狀。

流風善政“猶”有存者。普通狀字（量數），狀動字“有”，亦兼助字之用

（丙）用如介。

然而文王“猶”方百里起。同“由”，著自，以名辭“方百里”為其賓格

（丁）用如聯。

人之有是四端也，“猶”其有四體也。聯兩句

（戊）用如助。

管仲晏子“猶”不足為與？補綴助字

（一五）與。

（甲）用如動

孰能“與”之？外動，以代字“之”為其賓格

（乙）用如表。

我能為君約“與”國。情狀表字，言“友國”也，表名字“國”

（丙）用如介。

未嘗“與”之言行事也。著共，以代字“之”為其賓格

（丁）用如聯。

吾子“與”子路孰賢？聯代字“吾子”及名字“子路”

（戊）用如助。

然則廢釁鐘“與”。煞尾助字

（一六）安。

（甲）用如名

而死於“安”樂也。與名字“樂”同為介字“於”之賓格

（乙）用如動。

（一）文王一怒而“安”天下之民。外動，以名字“民”為其賓格

（二）則豈徒齊民“安”？內動，以名字“民”為其主格

（丙）用如表。

仁人之“安”宅。情狀表字，表名字“宅”

（丁）用如狀。

“安”居而天下息。普通狀字（情況），狀動字“居”

（補）（用如狀）吾將“安”仰。（《禮記》）疑問狀字（方位），與“何”同，狀動字“仰”（用如聯）不早為之計，“安”得不如此乎？與“焉”同，兼有疑問狀字之意。

（一七）後。

（甲）用如名。

（一）無"後"為大。（一解）言後嗣也，公名，為準動"無"之賓格

（二）由百世之"後"。（二解）謂百世後之時代也，玄名，以"百世之"為其表辭，為介字"由"之賓格

（乙）用如動。

未有義而"後"其君者也。外動，以名字"君"為其賓格

（丙）用如表。

是以"後"世無傳焉。方位表字，表名字"世"

（丁）用如狀。

"後"必有災。普通狀字（時期），狀動字"有"

（一八）賢。

（甲）用如名。

國君進賢。公名，為外動"進"之賓格

（乙）用如動。

孔子"賢"之。外動，有代字"之"為其賓格

（丙）用如表。

故人樂有"賢"父兄也。情狀表字，表名。字"父""兄"

（丁）用如狀。

我從事獨"賢"。普通狀字（量數），狀動字"從"，猶言從事獨多也

（一九）義。

（甲）用如名。

亦有仁"義"而已矣。玄名，與"仁"字同，為準動"有"之賓格

（乙）用如動。

君"義"莫不"義"。內動，為主格"君""莫"之主動

（丙）用如表而省名。

未有"義"而後其君者也。玄名，省所表名字"人"或代字"者"

(丁)用如狀。

其所取之者，"義"乎，不"義"乎？普通狀字(情況)，狀動字"取"

(二〇)**輕**。

(甲)用如名。

權，然後知"輕"重。玄名，為外動"知"之賓格

(乙)用如動。

君所謂"輕"身以先於匹夫者。外動，以名字"身"為其賓格

(丙)用如表。

所食之重者與禮之"輕"者而比之。數量表字，表代字"者"

(丁)用如狀。

故民之從之也"輕"。普通狀字(量數)，狀動字"從"

(二一)**先**。

(甲)用如動。

苟為後義而"先"利。外動，以名字"利"為其賓格

(乙)用如表。

吾"先"子之所畏也。方位表字，表名字"子"

(丙)用如狀。

"先"酌鄉人。普通狀字(時期)，狀動字"酌"

(丁)用如介。

告子"先"我不動心。著在，有代字"我"為其賓格

(補)(用如名)其"先"必有聞於世。(《左傳》)謂其先人也。公名，為動字"有"之主格

(二二)**此**。

(甲)用如代。

賢者亦樂"此"乎。謂此事也。玄名，為外動"樂"之賓格

（乙）用如表。

夫何使我至於“此”極也？方位表字，表名字“極”，言極地也

（丙）用如聯。

“此”所謂養口體者也。與上句聯

（丁）用如助。

今“此”下民。發語助字，與“今”字疊用

（二三）善。

（甲）用如名。

然後驅而之“善”。玄名，為外動“之”之賓格

（乙）用如動。

王如“善”之，則何為不行。外動，有代字“之”為其賓格

（丙）用如表。

一鄉之“善”士。情狀表字，表名字“士”

（丁）用如狀。

通國之“善”奕者也。普通狀字（情況），狀表字“奕”

（二四）故。

（甲）用如名。

今也不幸，至於大“故”。玄名，為介字“於”之賓格

（乙）用如表。

所謂“故”國者。情狀表字，表名字“國”

（丙）用如狀。

不遇“故”去。普通狀字（原因），狀動字“去”

（丁）用如聯。

古之人與民偕樂，“故”能樂也。聯上句

（補）（用如動）物“故”。《漢書》（一解）（原注）師古曰。言同於鬼物而故也。“物”為其狀字

（二五）已。

（甲）用如名。

無“已”。同“法”，玄名，為動字“無”之賓格

（乙）用如動。

不得“已”也。內動，主格省，猶言不得罷休也

（丙）用如狀。

仲尼不為“已”甚者。普通狀字（量數、比較），狀狀字“甚”，謂太甚也

（丁）用如助。

是亦不屑就“已”。煞尾助字

（二六）奚。

（甲）用如代。

君“奚”為不見孟軻也？奚為，謂為何也。詢問指物代字，以“為”字為其介而“奚”字為之賓格也，倒置

（乙）用如狀。

孔子“奚”取焉？疑問狀字（情況），狀動字“取”

（丙）用如聯而兼表之意。

此惟救死而恐不瞻，“奚”暇治禮義哉？聯上下兩句兼疑問表字，表名字“暇”

（丁）用如助。

曰“奚”而不知也。發語助字，兼有疑問狀字之意，狀狀字“不”

（二七）其。

（甲）用如代。

為“其”象人而用之也。指物代字，介字“為”之賓格

（乙）用如表。

未有仁而遺“其”親者也。名字“親”之系屬表字

（丙）用如聯而兼代。

三代之得天下也以仁，“其”失天下也以不仁。聯兩句。但仍兼代之用，為動字“失”之主格

（丁）用如助。

如之何"其"使斯民飢而死也。補綴助字

（二八）諸。

（甲）用如代。

王如改"諸"。同"之"，為動字"改"之賓格

（乙）用如表。

天子適"諸"侯曰巡狩。數量表字，表名字"侯"

（丙）用如介。

取"諸"人以為善。著自，同"於"字

（丁）用如助。

有"諸"。同"之乎"二字，煞尾疑問助字

（二九）何。

（甲）用如代。

牛"何"之？公名，言牛之何處也。為動字"之"之賓格，倒置

（乙）用如表。

是誠"何"心哉？疑問表字，表名字"心"

（丙）用如狀。

王"何"必曰利？疑問狀字（原因），狀狀字"必"

（丁）用如聯。

斯速已矣，"何"待來年？聯兩句兼有疑問狀字之意

（三〇）如。

（甲）用如動。

天時不"如"地利。準動，以名字"利"為其賓格

（乙）用如狀。

王"如"知此。普通狀字（未定），狀動字"知"

（丙）用如聯。

殺其麋鹿者，“如”殺人之罪。聯兩句

（丁）用如助。

則皇皇“如”也。補綴助字

（補）（用如表）“如”兄。情狀表字，表名字“兄”

（三一）仁。

（甲）用如名。

今王發政施“仁”。玄名，為外動“施”之賓格

（乙）用如動。

“仁”之而弗親。外動，以代字“之”為其賓格

（丙）用如表而轉為名。

未有“仁”而遺其親者也。公名，謂仁人也。表省名字“人”而代為名

（丁）用如表。

是乃“仁”術也。情狀表字，表名字“術”

（補）（用如狀）國君能“仁”覆其民。普通狀字（情況），狀動字“覆”

（三二）誠。

（甲）用如名。

是故“誠”者天之道也，思“誠”者人之道也。玄名，前“誠”字為主格單用。下讀為解釋語，省動字“為”。後“誠”字為動字“思”之賓格，聯合而為名，言思誠之事也

（乙）用如動。

“誠”身有道。外動，以名字“身”為其賓格

（丙）用如表。

反身不“誠”。情狀表字，表名字“身”

（丁）用如狀。

士“誠”小人哉。普通狀字（情況），狀表字“小”

（三三）從。

（甲）用如動。

姑舍汝所學而“從”我。外動，以代字“我”為其賓格

（乙）用如表。

若是乎“從”者之廋也。系屬表字，表代字“者”，言從人也

（丙）用如介。

“從”流下而忘反。著自，“流下”謂流之下方也，為其賓格

（補）（用如名）儀“從”甚盛。謂隨從之人，公名，以表字“盛”表之

（三四）王。

（甲）用如名。

（一）“王”立於沼上。（一解）國君也。公名，為動字“立”之主格

（二）無已？則“王”乎？（二解）王道也。玄名，謂將言“王道”也。為動字“言”之賓格，“言”字省

（乙）用如動。

而“王”天下不與存焉。外動，有名字“天下”為其賓格

（丙）用如表。

以迎“王”師。系屬表字，表名字“師”

（三五）反。

（甲）用如名。

從流下而忘“反”。玄名，為外動“忘”之賓格

（乙）用如動。

則盍“反”其本矣。外動，以名字“本”為其賓格

（丙）用如狀。

皆“反”求諸已。普通狀字（方位），狀動字“求”

（三六）勝。

（甲）用如名。

慮“勝”而後會。玄名，為外動“慮”之賓格

（乙）用如動。

以為能“勝”其任也。外動，以名字“任”為其賓格

（丙）用如狀。

穀不可“勝”食也。普通狀字（量數），狀動字“食”

（補）（用如表）“勝”國。表名字“國”

（三七）百。

（甲）用如名。

千取“百”焉。羣名，為外動“取”之賓格

（乙）與他字連而為名。

與“百姓”同之。公名，與“姓”字相連為“百姓”，言“民”也。為介字“與”之賓格

（丙）用如表。

地方“百”里而可以王。數目表字，表名字“里”

（補）（用如動）我“百”之。謂百倍之也。以代字“之”為其賓格（用如狀）撻之“百”。普通狀字（次數），狀動字“撻”

（三八）徒。

（甲）用如名。

陳良之“徒”陳相。公名，為系屬表辭“陳良之”所表

（乙）用如助。

非“徒”無益。補綴助字

（丙）用如聯而兼表。

“徒”善不足以為政。與“但”字之義同，聯上句。又數量表字，表名字“善”

（補）（用如動）秦人捐甲“徒”裼以趨敵。（《史記》）徒，袒也。外動，以名字“裼”為賓格（用如狀）暴虎“徒”搏也。（《爾雅》）（原注）空手執也。普通狀字（情況），狀動字“搏”

（三九）事。

（甲）用如名。

無道桓文之“事”者。玄名，為外動“道”之賓格

（乙）用如動。

入以“事”其父兄。外動，以名字“父”“兄”為其賓格

（丙）用如表。

然則孔子之仕也，非“事”道與。系屬表字，表名字“道”

（四〇）利。

（甲）用如名。

上下交征“利”。玄名，為動字“征”之賓格

（乙）用如動。

何以“利”吾國？外動，以名字“國”為其賓格

（丙）用如表。

惡“利”口。情狀表字，表名字“口”

（補）（用如狀）此人可“利”誘之。普通狀字（情況），狀動字“誘”

（四一）樂。

（甲）用如名。

賢者亦有此“樂”乎？玄名，為準動“有”之賓格

（乙）用如動。

賢者亦“樂”此乎？外動，以代字“此”為其賓格

（丙）用如表。

“樂”歲終身飽。情狀表字，表名字“歲”

（補）（用如狀）“樂”為之用。普通狀字（情況），狀動字“為”。

（四二）饑。

（甲）用如名。

可以無“饑”矣。玄名，言饑之事也。為準動“無”之賓格

（乙）用如動。

如之何其使斯民“饑”而死也？內動，為賓格補充辭

（丙）用如表。

民有“饑”色。情狀表字，表名字“色”

（補）（用如狀）其人亦“饑”驅耳。普通狀字（情況），狀動字“驅”

（四三）疾。

（甲）用如名。

寡人有“疾”。玄名，為準動“有”之賓格

（乙）用如表。

則為狼“疾”人也。情狀表字，表名字“人”

（丙）用如狀。

則“疾”視其長上之死而不救。普通狀字（情況），狀動字“視”

（補）（用如動）“疾”惡如讐。外動，以名字“惡”為其賓格

（四四）知。

（甲）用如名

堯舜之“知”而不偏物。為動字“偏”之主格，被表於系屬表辭“堯舜之”

（乙）用如動。

狗彘食人而不“知”檢。外動，以名字“檢”為其賓格

（丙）用如表。

“知”者無不知也。情狀表字，表代字“者”

（補）（用如狀）“知”誘於外。（《禮記》）普通狀字（情況），狀動字“誘”

（四五）生。

（甲）用如名。

是使民養“生”喪死無憾也。玄名，為動字“養”之賓格

（乙）用如動。

“生”於其心。內動，主格省，以介字“於”及其賓格為其補充辭

（丙）用如表。

自“生”民以來。情狀表字，表名字“民”

（補）（用如狀）凡相笴，欲“生”而搏。（《考工記》）（原注）生，謂無瑕蠹也。搏，謂圜也。普通狀字（情況），狀動字“搏”

（四六）可。

（甲）用如名。

何由知吾“可”也。謂“知吾之可”也，玄名，為本句之賓格補充辭

（乙）用如動。

（一）強而後“可”。內動，主格省，言許可也

（二）“可”立而待也。助動，助動字“立”

（丙）用如狀。

事親若曾子者“可”也。普通狀字（是否），狀動字“事”

補（用如表）“可”人。可意之人也。情狀表字，表名字“人”

（四七）夫。

（甲）用如名。

謂之一“夫”。言一人也。公名，被表於數目表字“一”，為賓格補充辭

（乙）用如聯。

王往而征之，“夫”誰與王敵。聯兩句

（丙）用如助。

（一）“夫”明堂者。發語助字

（二）吾死矣“夫”。煞尾助字

（三）王知“夫”苗乎。補綴助字

（四八）相。

（甲）用如名。

夫子加齊之卿“相”。公名，與“卿”同為動字“加”之賓格

（乙）用如動。

周公“相”武王。外動，以名字“武王”為其賓格

（丙）用如狀。

舉欣欣然有喜色而“相”告曰。分合代名狀字，狀動字“告”

（補）（用如名）金玉其“相”。（《詩經》）（又一解）質也。質名，內動字“為”之主格補充辭。“為”字省、言金玉為其相也。被表於系屬表字“其”（用如動）“相”時而動。（《左傳》）（又一解）度也。外動，以名字“時”為其賓格（用如表）“相”術。系屬表字，謂相人之術也。表名字“術”

（四九）有。

（甲）用如名。

尺地莫非其“有”也。言所有之物也。公名，為準動字“非”之賓格，“其”為其系屬表字

（乙）用如動。

行者“有”裹糧也。準動，為主格“行者”之主動，以名字“糧”為其賓格

（丙）用如助。

古之人“有”行之者。補綴助字

（補）（用如表）“有”家。謂富有之家也。情狀表字，表名字“家”（用如狀）日“有”食之。（《左傳》）與“又”通，普通狀字（次數）狀動字“食”

（五〇）得。

（甲）用如名。

故不為苟“得”也。玄名，為動字“為”之賓格

（乙）用如動。

思則“得”之。主格省，外動，有代字“之”為其賓格

（丙）用如助。

可“得”聞乎。補綴助字

（補）（用如表）有“得”色。情狀表字，表名字“色”（用如狀）事非（得）已。普通狀字（是否），狀動字“已”

（五一）老。

（甲）用如名。

導其妻子，使養其“老”。公名，謂老人也。為動字“養”之賓格

（乙）用如動。

“老”吾老。外動，謂待之以老也。以後“老”字為其賓格

（丙）用如表。

吾聞西伯善養“老”者。情狀表字，表代字“者”

（五二）而。

（甲）用如代。

（一）師死“而”遂倍之。（一解）汝也。指人代字，為動字“倍”之主格

（二）然後從“而”刑之。（二解）此也。指物代字，為介字“從”之賓格

（乙）用如聯。

（一）上下交征利“而”國危矣。（一解）乃也，或於是也。聯兩讀

（二）苟為後義“而”先利。（二解）並也。同前

（三）文王以民力為臺為沼，“而”民歡樂之。（三解）但也。同前

（四）此惟救死“而”恐不贍。（四解）猶也。同前

（五）此率獸“而”食人也。（五解）以也。同前

（六）如之何其使斯民飢“而”死也。（六解）至也。聯兩字

（七）“而”王豈為是哉？（七解）茲也。聯上文

（八）為其象人“而”用之也。（八解）故也。聯兩讀

（九）就之“而”不見所畏焉。（九解）則也。同前

（丙）用如助。

（一）仁義“而”已矣。（一解）有“僅”字之義，補綴助字

（二）旦旦“而”伐之。（二解）有“以”字之義，同前

（三）小子鳴鼓“而”攻之。（三解）有“為”字或“以”字之義，同前

（四）匠人斲“而”小之。（四解）有“使”字之義，同前

（五）每人“而”悅之。（五解）助重“每”字，或有“使”字之義，同前

（六）舜不得“而”臣。（六解）助“臣”字之變為動，或有“使為”之義，同前

（補）（用如助）俟我於著乎“而”。（《詩經》）煞尾助字

（五三）當。

（甲）用如動。

彼惡敢“當”我哉。外動，以代字“我”為其賓格

（乙）用如狀兼聯之用。

“當”在薛也。普通狀字（時期），狀動字“在”，又聯前文

（丙）用如介兼聯助之用。

“當”今之世。著在，以名字“世”為其賓格，兼聯上句，又為發語助字

（補）（用如名）喜怒以“當”。（《史記》）為介字“以”之賓格，玄名，謂適可也（用如表）古者天地順而四時“當”。（《禮記》），情狀表字，表名字“時”

（五四）由。與“猶”通。

（甲）用如動。

君子不“由”也。內動，以“君子”為其主格，賓格省，謂君子不由此道也

（乙）用如介。

何“由”知吾可也？著因，何，何處也。以公名為之賓格，倒用作疑問語

（丙）用如聯。

民歸之“由”水之就下。聯兩讀

（五五）及。

（甲）用如動。

是謀非吾所能“及”也。內動，以代字“吾”為其主格。以加重故，原賓格“謀”移用於前

（乙）用如介。

老吾老以“及”人之老。著及，以名字“老”為之賓格

（丙）用如聯。

予“及”汝偕亡。聯“予”“汝”二代字

（補）（用如狀）吾猶“及”見之。普通狀字（時期），狀動字“見”

（五六）罪。

（甲）甲如名。

及陷於“罪”。玄名，為介字“於”之賓格

（乙）用如動。

王無“罪”歲。外動，以名字“歲”為其賓格

（丙）用如表。

“罪”人不孥。情狀表字，表名字“人”

（補）（用如狀）將“罪”殺之。普通狀字（情況），狀動字“殺”，謂入之罪而殺之也

（五七）使。

（甲）用如動。

周公“使”管叔監殷。外動，以名字“管叔”為其賓格

（乙）用如表。

標“使”者出諸大門之外。系屬表字，表代字“者”，猶言“使人”也

（丙）用如動而兼聯。

為民父母，“使”民盼盼然。外動，主格省，以名字“民”為其賓格，又聯上下兩句

（補）（用如名）發一乘之“使”。（《漢書》）公名，為動字“發”之賓格（用如狀）兩國互相“使”聘。普通狀字（情況），狀動字“聘”，謂以使相聘也

（五八）斯。

（甲）用如表。

生“斯”世也。方位表字，表名字“世”

（乙）用如聯。

歸“斯”受之而已矣。“歸”字為上句，用“斯”字與下句聯也

（丙）用如助。

何如“斯”可謂之鄉原矣。發語助字

（補）（用如代）生於“斯”。指物代字，謂斯地也。為介字“於”之賓格

（五九）苟。

（甲）用如表。

故不為“苟”得也。情狀表字，“得”用如名，以“苟”表之

（乙）用如狀。

故“苟”得其養，無物不長。普通狀字（未定），狀動字“得”

（丙）用如聯而兼狀。

好名之人，能讓千乘之國，“苟”非其人，單食豆羹見於色。聯上下句，復為普通狀字（未定），狀動字“非”

（補）（用如名）吾豈有“苟”。謂苟且之事也，玄名，為動字“有”之賓格（用如動）其行為不“苟”。內動，以名字“行為”為其主格

（六〇）亦。

（甲）用如狀。

王“亦”曰。普通狀字（次數），狀動字“曰”

（乙）狀而兼動之用。

我“亦”人也。應為“我亦是人也”。普通狀字（次數），省動字“是”字而兼其用以“人”字為其主格補充辭

（丙）用如聯。

不遠千里而來，“亦”將有以利吾國乎？與前句聯

（補）（用如動）誘“亦”其君。（《詩經》）誘“掖”其君，石經作“亦”，古通，以名字“君”為其賓格

（六一）**又**。

（甲）用如狀。

而"又"害之。普通狀字（次數），狀動字"害"

（乙）用如聯。

既不能令，"又"不受命。聯兩句

（丙）用如助。

狂者"又"不可得。補綴助字

（補）（用如動）天命不"又"。（《詩經》）以名字"命"為其主格，其下應有動字，省之而代其用者也

（六二）**且**。

（甲）用如狀兼聯之用。

獸相食，"且"人惡之。普通狀字（分際），狀動字"惡"，倒置名字"人"上而兼為聯

（乙）用如聯。

"且"王者之不作，未有疏於此時者也。聯上節"行仁政而王莫之能禦也"等語，謂之發語助字亦可

（丙）用如助。

（一）"且"以文王之德，百年勿後崩。發語助字

（二）周公方"且"膺之。補綴助字

（補）（用如代）匪"且"有"且"。（《詩經》）（原箋）非獨此處有此稼穡之事也，前"且"代處，後"且"代事，均指物代字

（用如動）與物"且"者，其身不用。（《莊子》）（原注）且者，姑與物為雷同而志不在也。內動，主格省，謂其人與物苟且也

（六三）**固**。

（甲）用如動。

"固"國不以山谿之險。外動，以名字"國"為其賓格

（乙）用如狀。

若"固"有之。普通狀字（是否），狀動字"有"

（丙）用如助。

天下"固"畏齊之強也。補綴助字

（補）（用如名）城郭溝池以為“固”。（《禮記》）為外動“為”之賓格（用如表）學則不“固”。（《論語》）情狀表字，所表之名字省，言學則人不“固”也

（六四）同。

（甲）用如動。

鄉田“同”井。外動，以名字“井”為其賓格

（乙）用如表。

故凡“同”類者舉相似也。分合表字，表名字“類”

（丙）用如狀。

與民“同”樂也。普通狀字（情況），狀動字“樂”

（補）（用如名）（一）是謂大“同”。（《禮記》）（一解）（原注）猶和也、平也。為動字“謂”之主格補充辭（二）六律六“同”。（《周禮》）（二解）樂名也，以表字“六”表之（三）時見曰會，殷見曰“同”。（《周禮》）（三解）義自明（四）司馬法曰：十成為終，終十為“同”，“同”方百里。（《周禮註》）（四解）田畝合稱也。動字“為”之賓格，“方”之主格（五）上宗奉“同”瑁。（《書經》）（五解）（原注）同，爵也。動字“奉”之賓格（六）聞廣成子在於空“同”之上。（《莊子》）（六解）（原注）無物而大通之處也，被表於表字“空”。與系屬字“之”相合而成名字“上”之系屬表辭

（六五）尚。

（甲）用如動。

莫能相“尚”。為主格“莫”之主動

（乙）用如表。

是“尚”友也。情狀表字，表名字“友”

（丙）用如狀。

今吾“尚”病。普通狀字（時期），狀動字“病”

（補）（用如聯）雖無老成人，“尚”有典刑。（《詩經》）聯兩句

（六六）耕。

（甲）用如名。

亦不用於“耕”耳。玄名，謂耕事也。為介字“於”之賓格。

（乙）用如表及動。

“耕”者皆欲“耕”於王之野。前“耕”、系屬表字，表代字“者”。後“耕”，與動字“欲”叠用而共為主格“耕者”之主動

（六七）服。

（甲）用如名。

夫人蠶繅以為衣“服”。（一解）衣服也。公名，為動字“為”之賓格

禮為舊君有“服”。（二解）喪服也。為動字“有”之賓格

（乙）用如動。

以力“服”人者。（一解）屈服也。外動，以名字“人”為其賓格

故善戰者“服”上刑。（二解）受也。外動，以名字“刑”為其賓格

子“服”堯之“服”。前“服”字、（三解）著衣也。外動，以下名字“服”為其賓格

（補）（用如表）見其“服”色。系屬表字，表名字“色”（用如狀）“服”用其牛。（《易經》）注言：慣用也。普通狀字（情況），狀動字“用”

（六八）所。

（甲）用如名。

使之居於王“所”。公名，為介字“於”之賓格，與“處”字之義同

（乙）用如助。

（一）將以求吾“所”大欲也。補綴助字，助代字“吾”及名辭“大欲”，合之使為動字“求”之賓格。“大欲”後省“之事”二字

（二）仲子“所”居之室。同上，助主格“仲子”使增其重量，概括凡仲子曾居之室。助“仲子“及“居”字合系屬字“之”而為名字“室”之表辭

（補）（與他字混合用如表）[1]問金餘尚有“幾所”。（《前漢》）（原注）幾所，猶幾許。數量表字，表名字“金”（用如狀）父去“里所”復還。（《漢書》）（原注）里所，里許也。普通狀字（方位兼量數），狀動字“去”

（六九）畜。

（甲）用如名。

雞豚狗彘之“畜”無失其時。玄名，謂養之事也。為動字“失”之主格

（乙）用如動。

---

[1] 此處不應是夾註。——編者註

“畜”君何尤。外動，以名字“君”為其賓格

（補）（用如表）犬有“畜“性。系屬表字，表名字“性”（用如狀）此“畜”養也。謂養之如畜也。普通狀字（情況），狀動字“養”

（七〇）食。

（甲）用如名。

皆得“食”於子。質名，為外動“得”之賓格

（乙）用如動。

此率獸而“食”人也。外動，以名字“人”賓其賓格

（補）（用如表）衆難得“食”處。系屬表字，表名字“處”

（七一）喪。

（甲）用如名。

而孟子之前“喪”踰後“喪”。玄名，為外動“踰”之賓主格

（乙）用如動。

西“喪”地於秦七百里。外動，以名字“地”為其賓格

（補）（用如表）昭公曰：“‘喪’人不佞。”（《左傳》）情狀表字，表名字“人”（用如狀）故孔子之不“喪”出。（《禮記》）普通狀字（情況），狀動字“出”

（七二）衣。

（甲）用如名。

使民不得“衣”食。公名，為動字“得”之賓格

（乙）用如動。

五十者，可以“衣”帛矣。外動，以名字“帛”為其賓格

（補）（用如表）“衣”飾。謂衣之飾也。系屬表字，表名字“飾”

（七三）人。

（甲）用如名。

鄒“人”與楚“人”戰。公名，一為內動“戰”之主格，一為介字“與”之賓格

（乙）用如表。

望之不似“人”君。系屬表字，表名字“君”

（補）（用如動）“人”其人。（韓文）外動，以名字“人”為其賓格

（七四）豈。

（甲）用如狀。

周公“豈”欺我哉？疑問狀字（情況），狀動字“欺”

（乙）用如聯。

雖有池臺鳥獸，“豈”能獨樂哉？聯上下兩句

（七五）萬。

（甲）用如名。

“萬”取千焉。謂萬乘之國也。羣名，為動字“取”之主格

（乙）用如表。

“萬”乘之國。數目表字，表名字“乘”

（補）（用如動）考仲子之宮，將“萬”焉。（《左傳》）萬，舞名也。專名，用作內動，主格省

（用如狀）“萬”喚之。普通狀字（次數），狀動字“喚”

（七六）千。

（甲）用如名。

萬取“千”焉。謂千乘之家也。羣名，為動字“取”之賓格

（乙）用如表。

距人於“千”里之外。數目表字，表名字“里”

（補）（用如狀）“千”呼之。普通狀字（次數），狀動字“呼”

（七七）制。

（甲）用如名。

取於民有“制”。玄名，為準動“有”之賓格

（乙）用如動。

是故明君"制"民之產。外動，有名字"產"為其賓格

（補）（用如表）"制"服。情狀表字表，名字"服"（用如狀）"制"止其行為。普通狀字（情況），狀動字"止"

（七八）曾。

（甲）用如名。

爾何"曾"比予於管仲？同"則"或"故"，謂因何故而比予於管仲也。玄名，為介字"因"之賓格，"因"字省也

（乙）用如動。

"曾"益其所不能。與"增"同，增益不能（之事）也。外動，以名字"事"為其賓格

（補）（用如動）䍐飛兮翠"曾"。（屈子）舉也。內動，以名字"翠"為其主格（用如表）（一）登闉風之"曾"城矣。（《後漢》）（一解）與"層"通，情狀表字，表名字"城"（二）"曾"孫。（《爾雅》）（二解）重孫也。數目表字（次序），表名字"孫"（三）"曾"臣彪將率諸侯以討焉。（《左傳》）（三解）（原注）末臣也。同前，表名字"臣"（用如聯）"曾"是以為孝乎。（《論語》）聯上句

（七九）耳。

（甲）用如名。

是天下之"耳"相似也。公名，為準動字"似"之主格

（乙）用如助。

直不百步"耳"。煞尾助字

（補）（用如疊用表辭）六轡"耳耳"。（《詩經》）（注）耳耳，柔從也。表名字"轡"（用如狀）此與"耳"食何異。（《史記》）普通狀字（情況），狀動字"食"

（八〇）鼓。

（甲）用如表。

百姓聞王鐘"鼓"之聲。與系屬字"之"合而為表辭，表名字"聲"

（乙）用如動。

今王"鼓"樂於此。外動，以名字"樂"為其賓格

（補）（用如狀）"鼓"噪。普通狀字（情況），狀動字"噪"

（八一）莫。

（甲）用如代。

“莫”之能禦也。指人代字，為動字“能”之主格

（乙）用如狀。

“莫”大乎與人為善。普通狀字（量數），狀表字“大”，為比較格

（補）（用如名）求民之“莫”。（《詩經》）玄名，為動字“求”之賓格（用如動）而力可“莫”鐵。（《管子》）削也。外動，以名字“鐵”為其賓格（用如表）廣“莫”之野。（《莊子》）大也。情狀表字，表名字“野”

（八二）於。

（甲）用如動而兼介。

寡人之“於”國也。對也。外動，以名字“國”為其賓格，但仍有介字“於”之作用

（乙）用如介。

（一）東敗“於”齊。著在，以名字“齊”為其賓格

（二）非所以內交“於”孺子之父母也。著及，以名字“父母”為其賓格

（三）速“於”置郵而傳命。助成比較。亦可認為助動

（四）勞力者治“於”人。助成被動式。同上

（補）（用如感）“於”穆清廟。（《詩經》）美感字

（八三）遠。

（甲）用如動。

是以君子“遠”庖廚也。外動，以名字“庖廚”為其賓格

（乙）用如表。

予將有“遠”行。情狀表字，表名字“行”

（八四）復。

（甲）用如動。

為匹夫匹婦“復”讎也。外動，以名字“讎”為其賓格

（乙）用如狀。

管仲晏子之功可“復”許乎？普通狀字（次數），狀動字“許”

（補）（用如表）得“復”書。情狀表字，表名字“書”

（八五）能。

（甲）用如表。

“能”者從之。情狀表字，表代字“者”

（乙）用如動。

故“能”樂也。助動，助動字“樂”

（補）（用如動）非曰“能”之。（《論語》）外動，以代字“之”為其賓格

（八六）遂。

（甲）用如狀而兼聯。

去之日“遂”收其田里。普通狀字（時期），同“即”，狀動字“收”、兼聯上下兩句

（乙）用如助。

聞王命而“遂”不果。補綴助字

（補）（用如名）五縣為“遂”。（《周禮》）羣名，為動字“為”之主格補充辭（用如動）下“遂”萬物之宜。（《漢書》）外動，以名字“宜”為其賓格（用如表）大夫無“遂”事。（《公羊傳》）情狀表字，表名字“事”，言擅成之事也

（八七）惟。

（甲）用如表。

思天下“惟”羿為愈已。數目表字，表名字“羿”，言僅“羿”為愈己也

（乙）用如聯或助。

“惟”茲臣庶。聯上句，或發語助字

（補）（用如動）視遠“惟”明。（《詩經》）思也。外動，以名字“明”為其賓格

（八八）况。

（甲）用如聯。

然且仁者不為，“况”於殺人以求之乎？聯兩句

（乙）用如助。

而"況"於王乎。補綴助字

（補）（用如名）知其近"況"。情況也。玄名，為外動"知"之賓格。（用如動）來"況"齊國。（相如《子虛賦》）外動，以名字"齊國"為其賓格

（八九）乃。

（甲）用如聯。

（一）事之以珠玉，不得免焉，"乃"屬其耆老而告之曰。聯前句，因也

（二）其知者以為為無禮也，"乃"孔子則欲以微罪行。聯前句，但也

（乙）用如助。

夫我"乃"行之。補綴助字

（補）（用如代）惟"乃"之休。（《書經》）指物代字，汝也（用如表）"乃"祖"乃"父。系屬表字，表名字"祖""父"，言汝之祖及父也

（九〇）殆。

（甲）用如聯。

寇退則反，"殆"於不可。聯兩句

（乙）用如助。

日"殆"有甚焉。發語助字

（補）（用如名）不敢以先父母之體行"殆"。（《禮記》）玄名，為外動"行"之賓格，謂危殆之事也（用如動）無小人"殆"。（《詩經》）（原箋）無與小人近。外動，以名字"小人"為其賓格而倒置。（用如表）國勢甚"殆"。情狀表字，表名字"勢"。（用如狀或聯）"殆"及公子同歸。（《詩經》）普通狀字（時期），狀介字"及"，或聯前句

（九一）蓋。

（甲）用如聯。

今而後知君之犬馬畜伋，"蓋"自是臺無餽也。聯兩句

（乙）用如助。

“蓋”歸，反虆梩而掩之。發語助字

（補）（用如名）其高無“蓋”。（《關尹子》）公名，為準動字“無”之賓格（用如動）尚“蓋”前人之愆。（《尚書》）外動，以名字“愆”為其賓格

（九二）嘗。

（甲）用如動。

（一）請“嘗”試之。外動，與“試”複用，以代字“之”為其共同賓格

（二）吾“嘗”聞之矣。助動，助其主動字“聞”，表示過去之時期

（乙）用如助。

昔者，孟子“嘗”與我言於宋。補綴助字，謂之助動，與（甲）（二）例同，亦可

（九三）舉。

（甲）用如動。

吾力足以“舉”百鈞。外動，以名字“鈞”為其賓格

（乙）用如狀而兼聯。

百姓聞王鐘鼓之聲管籥之音，“舉”疾首蹙頞而相告曰。皆也，言人皆云云也。分合代名狀字，狀動字“疾”及“蹙”。又聯其上句

（九四）者。

（甲）用如代。“者”字用如代必有表字或表辭以表之，不能單獨用也。指人指物均可

賢“者”亦有此樂乎？指人代字，為動字“有”之主格

（乙）用如助。

嬖人有臧倉“者”阻君。煞尾助字，助前讀之頓

（九五）不。

（甲）用如表。

“不”日成之。數量表字，表名字“日”

（乙）用如狀。

“不”遠千里而來。普通狀字（是否），狀動字“遠”

（九六）爾。

（甲）用如代。

出乎"爾"者，反乎"爾"者也。指人代字，為介字"乎"之賓格

（乙）用如助。

鬱陶，思君"爾"。煞尾助字

（九七）既。

（甲）用如狀。

聖人"既"竭目力焉。普通狀字（時期），狀動字"竭"

（乙）用如狀而兼聯。

凡我同盟之人，"既"盟之後，言歸於好。普通狀字（時期），狀動字"盟"並聯上下句

（九八）離。

（甲）用如名。

"離"，則不祥莫大焉。玄名，謂相離之事為不祥最大也。主格單用而省動字，下讀為解釋語也

（乙）用如動。

兄弟妻子"離"散。內動，與"散"字合用，而以"兄""弟""妻""子"四名字為其公同主格

（補一）（用如動）設衛"離"服。（《左傳》）又一解。（原注）離，陳也。以名字"服"為其賓格（用如表）男子謂姊妹之子曰出，謂出之子為"離"孫。（《爾雅》）表名字"孫"（又）叔之"離"磬。（《禮記》）又一解。（原注）"離"謂次序，其磬懸也。（原疏）叔之所作偏"離"之磬。表名字"磬"（用如狀）"離"坐"離"立。（《禮記》）（原注離，兩也。兩相麗謂之離。狀動字"坐""立"

（補二）《升庵集》云：字義之多者莫如"離"，"離別"，通訓也。卦見《易》："黃雅""倉庚"、見《說文》；大琴曰"離"，見《爾雅》；"流離"，鳥名，見《毛詩註》；前"長離"而後裔皇，注："長離"，鳳也，見相如賦；"纖離"，馬名，見李斯書；"侏離"，夷語也，見《史記》；"陸離"，散亂參差也，見《文選》；木名見《孔子世家》；水名見《地理志》；人姓見《氏族志》；"江離"，草名，"接離"，寇名，此

皆字書已弓者；予又見《公羊傳》二人會曰“離會”。謂各是所是，各非所非，不能定也。

（九九）乎。

（甲）用如介。

老弱轉“乎”溝壑。著在，同“於”字，以名字“溝壑”為其賓格

（乙）用如助。

（一）亦將有以利吾國“乎”？疑問煞尾助字

（二）天下惡“乎”定？疑問煞尾助字，而加重詞意。與動字相倒置，若順置之，應作“天下惡定乎”也

（三）盍歸“乎”來？疑問煞尾助字，與前例同意。以“乎”字倒置“歸”“來”兩字之間

（四）故君子莫大“乎”與人為善。助狀字，“大”之比較式

（五）蕩蕩“乎”民無能名焉。助表辭之構成

（六）況“乎”以不賢人之招招賢人“乎”。助聯字之構成。與“況”字合則為複合聯字

（七）大哉居“乎”。助美感字之表示

（一〇〇）焉。

（甲）用如狀。

“焉”有仁人在位？疑問狀字（情況），狀動字“有”

（乙）用如助。

萬取千“焉”。煞尾助字

（補一）（用如介）天子“焉”始乘舟薦鮪於寢廟。（《准南子》）（原注）焉，猶於也。應有“是”字為之賓格，今省。言天子“於是”始乘舟薦鮪於寢廟也

（補二）《升庵集》云：“焉”字，鳥名，或云語詞，葛洪要用字苑始分其別。若訓為“何”，訓為“安”，當音於愆反音鳶 ：於“焉”逍遙，於“焉”嘉客，“焉”用佞，“焉”使不及，是也。若送句及助辭，當音矣愆反音烟：故稱龍“焉”，故稱血“焉”，有民人“焉”，有社稷“焉”，託始“焉”爾，晉鄭“焉”依，是也。

（注）升庵先生此則於“焉”字之同字異用言之綦詳，但以本書之例判之，前例之“於焉逍遙”“於焉嘉客”及後例之“晉鄭焉依”應互易其地位。蓋所謂“於焉逍遙”“於焉嘉客”者，係倒用之辭，謂“逍遙於此焉”“嘉客於此焉”，此“焉”字當為助字，不能訓為“何”也。至晉鄭“焉”依，則謂晉鄭“何”依，當訓為“何”或“安”也。音別一節，本宋儒強為之，今亦早亂其例，於文字上關係極微，今後當在廢置之列也。助辭即助字，送句者，即煞尾也。

第二卷　釋句

第一章　句讀與辭

第一節　句讀與辭之別及其必要之成素

一六四，句者，合諸字以完成語言之意思者也。其組織類於句而未完全者，謂之讀，合二字以上另成一義不合於讀之組織者，謂之辭。

一六五，句以必要之成素構成最簡之形式者，凡二種：（一）主格及其主動，其主動必為內動字。（二）主格及其主動並主動之賓格，其主動必為外動字。

主格以下之字統謂之句身。

例一，魚（主格）躍。（主動內動字）

例二，王（主格）好（主動外動字）戰（賓格）。

（注）上例一之“躍”，例二之“好戰”，皆句身也。

第二節　句中各字之地位

一六六，句之主格及賓格必為名或代或其相當之字，主動則必為動或其相當之字。詳前卷名、代、動各字

一六七，主格或賓格有不足之意，則以表字表之。動有不足之意，

則以狀字狀之。其表或狀更有不足之意者，亦同。詳前卷表字、狀字

一六八，介字、聯字、助字、感字，所以輔句之用者也。詳前卷介、聯、助、感各字

一六九，句之組織已全而意猶不足者，則加必需之字為之補充辭。詳前卷動字

第三節 省略動字之句

一七〇，有時以內動之補充辭或表字為主格之解釋語，則可省略其動字或殿以煞尾助字，直接主格而為之句身。

例一，制，巖邑也。《左傳》

（注一）上例若加入動字，則應作“制為巖邑”。“為”係內動，“巖邑”其補充辭也。以其為解釋語，故省內動“為”而復殿以助字“也”，其意反較雋永也。

（注二）上例若改作問語，則作“制，巖邑乎”，亦可。

例二，衛國褊小，老夫耄矣。《左傳》

（注）上例若加入動字，則應作“衛國‘為’褊小之國，老夫‘為’年耄之人”。今省去內動及其所系屬之名字，下句增助字“矣”，句意亦反較完全也。

第四節 句之種類

一七一，凡句可分三種：（一）簡句；（二）連句；（三）複句。

一七二，簡句者，其句如前述簡單之成素為一主格一句身或其附屬之表狀等字所搆成，而不能析為兩句或兩讀以上之句也。

一七三，連句者，二句以上聯合而成之句也。

例如：王之好樂甚，則齊國其庶幾乎？《孟子》

一七四，複句者，句中之主賓格或其表狀等字有非單字而為一讀所代者，斯句之中或含一個或數個以上之讀者，故曰複也。

例如：陳良，楚產也，悅周公仲尼之道，北學於中國。《孟子》

（注）上例“楚產也”及“悅周公仲尼之道”兩讀，均為主格“陳良”之表讀。

第五節　簡句之種類及其組成之字類

一七五，簡句之種類如前所述，彙合之，可分三種：（一）內動式，即無賓格者；（二）外動式，即有賓格或重賓格者；（三）補充式，即有補充辭者。例均見前。

一七六，簡句主賓格之名字得加表字表之。

例一，“庶”民攻之。(《孟子》)“庶”表主格“民”。

例二，民有“饑”色。(《孟子》)“饑”表賓格“色”。

例三，魏王貽我“大瓠之”種。(《莊子》)“大瓠之”三字為一辭，為間接賓格“種”之表辭

一七七，簡句之主動得加狀字狀之。

例如：彼“惡”知之。(《孟子》)“惡”狀主動“知”

一七八，簡句之主動前得加助動字。

例如：我“將”見楚王。(《孟子》)“將”表未來之助動字

一七九，簡句中之表或狀或助得更加狀字或相當之字或辭以狀之。

例一，“頒”白者不負戴於道路矣。(《孟子》)“頒”狀表字“白”

例二，君“是以”“不”果來也。(《孟子》)“不”狀狀字“果”，是以，補充辭也。(應作“以是”)又狀狀字“不”

例三，天下“曷”“敢”有越厥志。(《孟子》)“曷”狀助種“敢”

一八〇，凡助字均得用於簡句。

例一，“今”國家閒暇。（《孟子》）今，發語助字

例二，聖“則”吾不能。（《孟子》）則，補綴助字

例三，城非不高“也”。（《孟子》）也，煞尾助字

例四，吾何慊“乎”“哉”？（孟子）乎哉，疑問煞尾助字

一八一，補充辭有置句中者，其句仍為簡句。

例如：君子不“以天下”儉其親。《孟子》

（注）上句“以天下”，補充辞也，可置句後，作“君子不儉其親以天下”。

今雖移置主動之前，形似複句仍簡句也。

第六節　主格賓格之複字及賓格之先提

一八二，簡句之主賓格有更複以二重名字申言之者，其屬於主格者，謂之主格複字。屬於賓格者，謂之賓格複字。

例一，惠公元妃“孟子”，繼室以聲子。《左傳》

（注）上句“惠公”為主格之系屬表字，“元妃”，主格也。而不知元妃為何人，故益專名“孟子”以申言之。“孟子”，亦主格也，謂之主格複字。

例二，晉殺其太子“申生”。《左傳》

（注）上句“太子”，賓格也。“申生”，太子之專名，亦賓格也。所以申言太子之為何人也，謂之賓格複字。

例三，鄭公子“歸生”弑其君“夷權”。《左傳》

（注）上句主賓格皆有複字。主格複字“歸生”，賓格複字“夷權”。

一八三，簡句之賓格有在全句以前先行提明者，加重之之意也。

謂之賓格之先提。

例一，子女玉帛，則君有之。《左傳》

例二，山林之木，衡鹿守之。同前

（注）上例一“子女玉帛”及例二“木”字均為各本句賓格代字“之”之本字也，平置之，當為“君有子女玉帛”及“衡鹿守山林之木”，今皆先提明以示加重之意。

第七節　連句之種類

一八四，連句者，二句以上之簡句聯合而成者也。可分二類：（一）平連句；（二）貫連句。

第八節　平連句

一八五，平連句者，兩簡句以上平列而中以聯字連之者也。

例一，今恩足以及禽獸，“而”功不至於百姓。《孟子》

例二，不敢請耳，“固”所願也。《孟子》

例三，魯繆公無人乎子思之側，“則”不能安子思。《孟子》

例四，徒取諸彼以與此，“然且”仁者不為。《孟子》

例五，惟仁者為能以大事小，“是故”湯事葛，文王事昆夷。《孟子》

（注）略舉五例，餘可參觀聯字。

一八六，平連句有上下兩句相連，而復有下句更與其下句相連者。

例如：子倍子之師“而”學之，“亦”異於孔子矣。《孟子》

（注）上句上“而”字連前兩句、最後句“異於孔子矣”又以“亦”字連於其前句，皆為平連句也。餘類推。

一八七，平連句有時可省其聯字。

例如：夫志，氣之帥也。氣，體之充也。《孟子》

（注）上句若補入聯字，當為“夫志氣之帥也“而氣體之充也”。聯字“而”今省去。

一八八，有若干句平連而僅用一聯字貫之者，且聯字以下格調可微變。

例如：為肥甘不足於口與，輕煖不足於體與，“抑”為采色不足“視”於目與，聲音不足聽於耳與，便嬖不足使令於前與?

（注）第三句冠以聯字“抑”，而“不足”下均增一動字（“視”“聽”），及末句則又增二動字“使令”，均所以增抑揚之致而已。

一八九，有一主格而有兩句身相平者，是兩句所合并也，謂之合併平連句。

例如：古之賢王好善而忘勢。《孟子》

（注）上例為“古之賢王好善”“而古之賢王忘勢”兩句所合併也。

第九節　貫連句

一九〇，貫連句者，兩簡句以上一貫相連，不用聯字而其意自聯者也。可再析為二種：（一）以一主格直貫者；（二）兩句或兩句以上本為共同主格省之而直貫者。但貫連句之分句內得附屬平連句

例一，“周公”相武王，誅紂、伐奄，三年討其君，驅飛廉於海隅而戮之，滅國者五十，驅虎豹犀象而遠之。《孟子》

（注）上例凡七句僅以一主格“周公”直貫到底。

（注二）上例內“驅飛廉於海隅而戮之”及“驅虎豹犀象而遠之”兩句，為貫連句中附屬平連句，蓋“戮之”“遠之”二小句各用聯字“而”平連於其前句也。

例二，見其生，不忍見其死。聞其聲，不忍食其肉。《孟子》

例三，不得於言，勿求於心。不得於心，勿求於氣。《孟子》

（注）上兩例均上下各為貫聯，主格省，亦不用聯字而直貫。若補加主格，則兩例均各為共同主格也。

一九一，有二主格或二主格以上公其句身之句，形似簡句，實亦貫連句也，謂之合併貫連句。

例如：“宰我”“子貢”，善為說辭。“冉牛”“閔子”“顏淵”，善言德行。《孟子》

（注）上句“宰我”“子貢”二主格應各為一句，言“宰我善為說辭”“子貢善為說辭”，以其主動賓格均同，故併而為一。故下句“冉牛”“閔子”“顏淵”三主格依例亦可分為三句，今併為一，故仍為貫連句。

一九二，合併貫連句其主格與句身之間得加助字。如下例“則”字形似聯字，實為助字也。

例如：冉牛、閔子、顏淵，“則”具體而微。《孟子》

一九三，合併貫連句其主格之下得加以分合代名狀字。

例如：子夏、子游、子張“皆”有聖人之一體。《孟子》

一九四，凡連句，其各句之短長固不必相同，其主動被動之句式亦可不一。

例如：止，將為三軍獲；不止，將取其衷。《左傳》

（注）上句其第一連“止”以一字為一句，主動式也。“將為三軍獲”言將被獲於三軍，以五字為一句，被動式也。第二連則上句二字，下句四字，皆主動式也。

第十節　複句與讀之關係

一九五，複句者，其句中之主格或賓格，其動其表其狀有以相當之讀或辭當之者，非盡為各個之單字也。故欲知複句之構造者，必先明讀。

一九六，讀之類凡三：（一）名讀；（二）表讀；（三）狀讀。

第十一節　名讀

一九七，名讀者，其用與名字同，可以為主賓格及名字之所可用者，皆可用之。

例一，“以力假仁者”，霸。《孟子》

（注）上句“以力假仁者”，名讀也（其本讀之主格省），為本句之主格。內動“霸”，其主動也。

例二，不識“可使寡人得見乎”。《孟子》

（注）上句主格“我”省，“識”為主動字，“可使寡人得見乎”為名讀，為動字“識”之賓格。

例三，王無異於“百姓之以王為愛也”。《孟子》

（注）上例“百姓之以王為愛也”一讀為介字“於”之賓格，名讀而用為補充辭者也。

一九八，名讀之主格及其讀身之間多有介以助字“之”而微表系屬之意者。

例一，“三代‘之’得天下也”，以仁。《孟子》

例二，丑見“王‘之’敬子也”。《孟子》

一九九，名讀之後有殿以助字“也”或“者”字以判於其句身者。

例一，“始吾於人也”，聽其言而信其行；“今吾於人也”，聽其言而觀其行。《論語》

例二，“鳥獸之害人者”，消。《孟子》

（注）凡讀皆可殿以“者”“也”字，不必名讀也，可參以後各例。

第十二節　表讀

二〇〇，表讀者，其用與表字同，所以表名或代者也。

例一，趙旃“求卿勿得”，“且怒於失楚之致師者”，請挑戰。《左傳》

例二，公子州吁，“嬖人之子也”，有寵而好兵。《左傳》

（注）上例一之“求卿勿得”“且怒於失楚之致師者”二讀皆主格“趙旃”之表讀。例二之“嬖人之子也”一讀為主格“公子州吁”之表讀。

例三，吾嘗以為孔子之道“大而能博”，“門弟子不能偏觀而盡識也”。《韓文》

（注）上例“大而能博”“門弟子不能偏觀而盡識也”兩讀皆補充辭“孔子之道”之表讀也。

二〇一，有表讀用於全句終了之後者。

例如：至人神矣：“大澤焚而不能熱”，“河漢沍而不能寒”，“疾雷破山風振海而不能驚”。《莊子》

（注）上例“大澤焚”以下各語均所以表主格“至人”之表讀也，而置於全句終

了以後。

二〇二，凡表字各類之作用，表讀均能之，茲分演其例如下：

例一，學術者，“世界所公有也”（系屬），應公諸世。

例二，其人“目動而言肆”，（情狀）非佳士也。

例三，彼間駐軍“其數約在五千以上”（數目），皆嚴守紀律。

例四，此水“不過涓滴而已”（數量），惠及於人“無窮”（數量）。

例五，有小山“矗立江中”（方位）。

例六，一時學者“各有其所長”（由合而分），聚而相較。

例七，彼二人“皆有所偏”（由分而合），未可並論。

第十三節　狀讀

二〇三，狀讀者，其用與狀字同，可以狀動，可以狀表，可以自狀也。

例一，其“在宗廟朝廷”“便便”言，“唯謹耳”。《論語》

（注）上句“言”為主種，而狀之者凡三：（一）“在宗廟朝廷”一讀，狀言之地位也。（二）“唯謹耳”一讀，狀情況也。（三）“便便”一辭，亦狀情況也。

例二，南郭子綦“隱几”而坐，“仰天”而噓，嗒焉“似喪其耦[1]”。《莊子》

（注）上句“嗒焉”表“南郭子綦”，表讀之一也。“似喪其耦”一讀，則狀“嗒焉”，故曰狀讀也。至“隱几”狀動字“坐”，“仰天”狀動字“噓”，亦皆狀讀也。

例三，山徑之蹊間“介然用之”而成路，“為間”不用，則茅塞之矣。《孟子》

（注）上例“介然用之”，狀讀也，狀動字“成”。“為間”亦狀讀也，自狀狀字

[1] “耦”，當為“偶”。下文依文徑改，不再一一出註。——編者註

“不”。

二〇四，狀讀亦有用於句終之後，與前表讀同。

例一，德之行也，“速於置郵而傳命”。《論語》

（注）“速於置郵而傳命”一讀，狀讀也，狀動字“行”而在句終之後。

例二，夫道高矣美矣，“宜若登天然”，“似不可及也”。《孟子》

（注）上例“宜若登天然”一讀狀表字“高”。“似不可及也”一讀亦同狀表字“高”“美”，皆在一句既終之後也。

二〇五，依狀字之分類，狀讀不能盡如其用，玆依其可能者演例如下。

（甲）依普通狀字之例作讀

例一，其行“趦趄而不前”（狀情況）

例二，吾之作此，“優於彼多矣”（狀分際或量數）

例三，余見之“幾數十次矣”（狀次數）

例四，此作成之“轉瞬”（狀時期）

（注）狀方位者與名讀無異，應歸名讀。狀是否者則與狀情況無異。狀未定者亦然。疑問狀字則於前舉各類狀讀加或改用疑問助字（“乎”“與”等字）於煞尾而已[1]。故不備列。

（乙）依分合代名狀字之例作讀

例一，彼等行事，“各展其長”（由合而分）

例二，吾二人所為“皆如其分”（由分而合）

---

[1] “已”，當為“已”。——編者註

第十四節　析句

二〇六，為欲使學者瞭然於各句之構造，玆列表為析句之式。

（甲）玆將下列各簡句析之如下：

（一）庶民攻之。

（二）民有饑色。

（三）魏王貽我大瓠之種。

（四）天下曷敢有越厥志。

（五）今國家閒暇。

（六）君子不以天下儉其親。

（七）夫人姜氏歸自齊。

（八）晉殺其太子申生。

簡句析句式

主格及其表字	句		身	助字
	動及其狀或助動	賓格及及表	補　充詞	
（一）庶民	攻（無狀或助動）	之（無表）	（無）	
（二）民（無表）	有（仝前）	饑色		
（三）魏王	貽（仝前）	（一）我（二）大瓠之種		
（四）天下（人）	曷敢越	厥志	（無）	（有）
（五）國家	（無）	（無）	閒暇	今
（六）君子	不儉	其親	以　天下	（無）
（七）（一）夫人（二）姜氏	歸	（無）	自齊	
（八）晉	殺	其（一）太子（二）申生	（無）	

（注一）每欄內各項其主要項如省去應補出。其附帶者有則著之，無則聽之，但注明“無”亦可。例如：第一欄“主格及其表”，如主格省，則補主格（某）字。如（四）式“天下”為主格之表，其主格“人”字省，應補出（人）。如無表則聽之，但注明無表亦可，如（一）（二）式。餘類推。

（注二）主賓格如有複字，如（七）（八），或有間接賓格，如（三），則均並列注明：（一）（二）。

（注三）（五）式之“閒暇”，其動字省，故非主格之表而為補充辭也。

（乙）茲將下列各連句析之如下：

（一）魯繆公無人乎子思之側，則不能安子思。

（二）彼如曰：“孰可以伐之？”則將應之曰：“為天吏，則可以伐之。”

（三）周公相武王，誅紂、伐奄，三年討其君，驅飛廉於海隅而戮之，滅國者五十，驅虎豹犀象而遠之。

（四）宰我、子貢，善為說辭。

（五）冉牛、閔子、顏淵，則具體而微。

連句析句式

句類	讀	聯字	（1）主格	句身			助
				主動及其狀字或助動	賓格或其表	補充辭	
（一）平連	（一）魯繆公無人乎子思之側	則	魯繆公	無	人	乎子思之側	無
	（二）（魯繆公）不能安子思		同前	不能安	子思		
（二）仝前	（一）彼如曰孰可以伐之		彼	如曰	無	孰可以伐之	

續 表

句類	讀	聯字	（1）主格	句身：主動及其狀字或助動		賓格或其表	補充辭	助
	（二）將應之曰為天吏則可以伐之		主格（我）省	將應		之	曰為天吏則可以伐之	
（二下）全前	孰可以伐之		孰	可以伐				
	為天吏則可以伐之	無	為天吏（者）				無	則
（三）貫連（五）（七）為附屬平連句	（一）周公相武王		周公	相	武王			
	（二）（仝前）誅紂		仝前省	誅	紂			
	（三）……伐奄			伐	奄		無	
	（四）……三年討其君			三年討	其君			
	（五）……驅飛廉於海隅而戮之	附屬平連“而”	仝前	驅戮	飛廉之	於海隅		
	（六）……滅國者五十			滅	國五十		者	
	（七）……驅虎豹犀象而遠之	附屬平連“而”		驅遠	虎豹犀象之		無	
（四）貫連	（一）宰我善為說辭		宰我	善為	說辭			
	（二）子貢（仝前）		子貢	仝前				
（五）仝前	（一）冉牛則具體而微		冉牛	微具	體	無	則而（三句同）	
	（二）閔子（仝前）		閔子	仝前				
	（三）顏淵（仝前）		顏淵					

（注）入人口氣之語暫列補充辭，而於其次欄中另析之，如（二）。貫連句有附屬平連句應於首欄注明，而於其本欄內更析之，如（三）。狀字移置助字之後仍附於

動字前，如（五）。

（丙）茲將下列各複句析之如下。

（一）三代之得天下也，以仁。

（二）丑見，王之敬子也。

（三）潁考叔取鄭伯之旗蝥弧以先登，子都自下射之，顛。

（四）南郭子綦隱几而坐，仰天而噓，嗒焉似喪其偶。

複句析句式一

讀	讀之分類	主格及其表	句身			助
			主動	賓格及表	補充詞	
三代之得天下也	名讀	三代	得	天下		（一）之（二）也
以仁	主讀	（即前讀）	以	仁		

複句析句式二

讀	讀之分類	主格及其表	句身			助
			主動	賓格	補充詞	
丑見……	主讀	丑	見	（即後名讀）		
王之敬子也	名讀	王	敬	子		（一）之（二）也

（注）第二欄之後應有聯字一欄，茲以各讀均無聯字，故省。主動一欄內應注明“及其狀”，以皆無狀字，故亦省。各欄空白者等於（無）。

複句析句式三

<table>
<tr><th rowspan="2">讀</th><th rowspan="2">讀之分類</th><th rowspan="2">主格</th><th rowspan="2">主格之表</th><th colspan="3">句身</th><th rowspan="2">助</th></tr>
<tr><th>主動</th><th>賓格及表</th><th>補充詞</th></tr>
<tr><td>穎考叔顛</td><td>主讀</td><td>穎考叔</td><td></td><td>顛</td><td></td><td></td><td></td></tr>
<tr><td>鄭伯之旗蝥弧以先登</td><td>表讀（一）</td><td>仝前（省）</td><td></td><td>取</td><td>鄭伯之旗蝥弧</td><td>以先登</td><td></td></tr>
<tr><td>子都自下射之</td><td>表讀（二）</td><td>子都</td><td></td><td>射</td><td>之</td><td>自下</td><td></td></tr>
</table>

（注）上主格之表另列一欄亦可。（無）字仍省。

複句析句式四

<table>
<tr><th rowspan="2">讀</th><th rowspan="2">讀之分類</th><th rowspan="2">聯字</th><th rowspan="2">主格</th><th rowspan="2">主格之表</th><th colspan="3">句身</th><th rowspan="2">助</th></tr>
<tr><th>主動及狀</th><th>賓格及表</th><th>補充辭</th></tr>
<tr><td>南郭子綦而坐</td><td>主讀</td><td rowspan="6">（無）</td><td>子綦</td><td>南郭</td><td>坐</td><td rowspan="2">（無）</td><td rowspan="6">（無）</td><td rowspan="2">而</td></tr>
<tr><td>而噓</td><td>平連讀</td><td rowspan="5" colspan="2">仝前（省）</td><td>噓</td></tr>
<tr><td>隱几</td><td>状讀（一）</td><td>隱</td><td>几</td><td rowspan="2">（無）</td></tr>
<tr><td>仰天</td><td>狀讀（二）</td><td>仰</td><td>天</td></tr>
<tr><td>嗒焉</td><td>表讀</td><td>嗒</td><td>（無）</td><td>焉</td></tr>
<tr><td>似喪其偶</td><td>状讀（三）</td><td>似喪</td><td>其偶</td><td>（無）</td></tr>
</table>

（注）上各讀雖無聯字，但仍列一欄者，以此式示備也。

【練習題】

（甲）試將以下各句分其孰為簡句，孰為平連，孰為貫連，孰為複句，各依句分析之。

（一）知命者不立於巖墻之下。

（二）萬物皆備於我矣。

（三）人不可以無恥。

（四）孩提之童，無不知愛其親也。

（五）柳下惠不以三公易其介。

（六）故王公不致敬盡禮，則不得亟見之。

（七）飢者甘食，渴者甘飲。

（八）得乎丘民而為天子。

（九）人能充無害人之心，而仁不可勝用也。

（十）孔子登東山而小魯。

（十一）舜視棄天下猶棄敝蹤也。竊負而逃，遵海濱而處，終身訢然樂而忘天下。

（十二）民非水火不生活，昏暮扣人之門戶求水火，無弗與者。

（十三）道則高矣美矣，宜若登天然，似不可及也。

（十四）文武興。

（十五）若伊尹萊朱，則見而知之。

（十六）遠方之人聞君行仁政，願受一廛而為氓。

（十七）以粟易器械者，不為厲陶冶。

（十八）當堯之時，天下猶未平，洪水橫流，氾濫於天下。

（十九）有楚大夫於此，欲其子之齊語也，則使齊人傅諸，使楚人傅諸。

（二十）仲子，齊之世家也。兄戴蓋祿萬鍾，以兄之祿為不義之祿而不食也。

（乙）下文可講誦，並摘取句中各讀分別表出之。

垂示僕所闕，非情之至，僕安得聞此言？朋友道闕絕久，無有相箴規磨切之道，僕何幸乃得吾子！僕常閔時俗人有耳不自聞其過，懍懔然惟恐已之不自聞也。而今而後，有望於吾子矣。然足下與僕交久，僕之所守，足下之所熟知。在京城時，嚚嚚之徒，相訾百倍，足下時與僕居，朝夕同出入起居，亦見僕有不善乎？然僕退而思之，雖無以獲罪於人，亦有以獲罪於人者。僕在京城一年，不一至貴人之門，人之所趨，僕之所傲。與已[1]合者則從之游，不合者雖造吾廬，未嘗與之坐。此豈徒足致謗而已[2]，不戮於人則幸也。追思之，可為戰慄寒心。故至此已來，剋己自下，雖不肖人至，未嘗敢以貌慢之，況時所尚者耶？以此自謂庶幾無時患，不知猶復云云也。聞流言不信其行，嗚呼，不復有斯人也！君子不為小人之恟恟而易其行，僕何能爾？委曲從順，向風承意，汲汲然恐不得合，猶耳不免云云。命也，可如何！然子路聞其過則喜，禹聞昌言則下車拜。古人有言曰："告我以吾過者，吾之師也。"願足下不憚煩，苟有所聞，必以相告。吾亦有以報子，不敢虛也，不敢忘也。韓愈《答馮宿書》

第十五節　辭之解釋及其分類

二〇七，合兩字以上而自成意義者謂之辭，辭之類可分四種：（一）名辭；（二）動辭；（三）表辭；（四）狀辭。

一〇八，辭之式可總括之為四：（一）一字疊用；（二）二字相合；（三）一字疊用而殿以助字；（四）合二種字以上至若干字而加系屬字。（或省，惟表辭或有之）

❶ "已"，當為"己"。——編者註

❷ "已"，當為"已"。——編者註

第十六節　名辭

一〇九，名辭之用同於名可分兩種：（甲）自成者；（乙）表變者即表辭省系屬字而用如名。

（甲）自成名辭。

例一，天之“蒼蒼”，其正色也。《莊子》

（注）“蒼蒼”，謂天之色也。為上句之主格，一字疊用之名辭也。

例二，“野馬”也，塵埃也，生物之以息相吹也。《莊子》

（注）“野馬”，風也。為上句之主格，二字相合之名辭也。

例三，人見其“濯濯”也。《孟子》

（注）“濯濯”，謂其不毛之地也。為上句動字“見”之賓格，一字疊用之名辭也。

例四，吁嗟乎，不承“權輿”。《詩經》

（注）“權輿”，始也。為上句動字“承”之賓格，二字相合之名辭也。

例五，勿視其“巍巍然”。《孟子》

（注）“巍巍然”，一字疊用而殿以助字“然”，為動字“視”之賓格。

（乙）表變名辭。

例如：陽貨欲見孔子而惡“無禮”。《孟子》

（注）“無禮”，謂無禮之行為也。蓋省去“之行為”三字而以表辭用如名，為動字“惡”之賓格也。他如“無道之事”“不法行為”均可省去下二字而用如名，可類推也。

第十七節　動辭

二一〇，動辭之用同於動字。

例一，予羽"譙譙"。《詩經》

（注）（原注）"譙譙"，殺也。一字疊用，為上句之主動。

例二，恆碣"碪磍"於青霄。《文選·魏都賦》

（注）"碪磍"，猶言危立也。二字相合，為上句之主動。

例三，爾無"扈扈爾"。《禮記》

（注）（原注）"扈扈"，謂大廣也。一字疊用殿以助字"爾"而為上句之主動。

第十八節　表辭

二一一，表辭之用同於表字，可分兩種：（甲）自成者，與其他各辭之組織同。（乙）集成者視其需用而隨時集合者也。

（甲）自成表辭。

例一，"騂騂"角弓。《詩經》

（注）（原注）"騂騂"，調和也。一字疊用而表名字"角弓"。

例二，收"恢台"之孟夏兮。《楚辭》

（注）（原注）"恢台"，廣大貌。二字相合而表名字"孟夏"。

例三，螽斯羽，"薨薨兮"。《詩經》

（注）（原注）“薨薨”，衆也。殿以助字“兮”而表名字“羽”。

（乙）集成表辭。

例一，“未來”事或“未來之”事。

例二，“不良”習慣或“不良之”習慣。

例三，“有道之”人或“有道”人。

例四，“不可信之”事或“不可信”事。

例五，“澗谿沼沚之”毛，“蘋蘩蘊藻之”菜。《左傳》

（注一）集成表辭如上例，大都均由助動相連或狀表相連、動名相連或狀助動相連或名用如表之若干字聯合，或更益以系屬字“之”者，仍各按其原義視所需而集成之。

（注二）各字所合而無系屬字之集成表辭，合言之則為表辭，析言之則仍為各字而各有本用，於義不相悖也。

第十九節　狀辭

二一二，狀辭之用與狀字同。

例一，欲“常常”而見之，故“源源”而來。《孟子》

（注）“常常”“源源”均一字疊用，分狀動字“見”“來”。

例二，蠭午並起。《漢書》

（注）“蠭午”，湧起之貌。二字相合而狀狀字“並”。

例三，“諄諄然”命之乎。

（注一）“諄諄”，一字疊用殿以助字“然”而狀動字“命”。

（注二）有以任一字合以助字而成辭者，以表辭狀辭為多，並歸入第二式。

（二字相合）例如：望之“儼然”、天“油然”作雲、君子引而不發"躍如"也等語。"儼然"，表辭；"油然"，狀辭；"躍如"，則動辭也。

二一三，狀辭亦有集成者，且多提先用於主句之前而不與所狀之字相連。

例一，繞角之役，晉將遁矣。《左傳》

例二，松柏之下，其草不殖。《左傳》

（注一）例一"繞角之役"狀辭之狀"遁"字者也。謂晉之將遁，在繞角之役也。（狀時期。）例二"松柏之下"狀辭之狀"殖"字者也。言不殖於松柏之下也。（狀方位。）

（注二）例二之狀辭若置之主句之下，而前置介字"於"則成補充辭。

二一四，凡介字及其賓格所組成之補充辭，究其實，亦可謂之狀辭。

例一，文王之行，"至今"為法。《左傳》

例二，"以杖"扣其脛。《論語》

（注）"至今""以杖"" 均介字及其賓格所組成之補充辭也。若謂為狀辭一狀動字"為"，一狀動字"扣"，均無不可也。

第二十節　辭之相通

二一五，凡辭之為名、為動、為表、為狀，均視其所用之地位而異。與字同。詳前同字異用表。

例一，似至人之"髣髴"。《漢書》

（注）上例"髣髴"二字，名辭也，謂髣髴之狀也。為準動字"似"之賓格。

例二，相"放悲"。《漢書》

（注）（原注）猶髣髴也。主格省，為上句之主動。

例三，猶“仿佛”其若夢。《漢書》

（注）（原注）“仿佛”，即髣髴字也。狀上句準動字“若”。

（注二）上三例均用“髣髴”一辭而一為名、一為動、一為狀，皆無不可。若曰“其情‘髣髴’”，則為表矣。

【練習題】

試將以下句中各辭分別摘出其孰為名辭，孰為動辭，孰為表辭，孰為狀辭。

（一）“裳裳者”（光明也）華。

（二）“猗儺”（柔順也）其枝。

（三）周道（行遠也）“倭遲”。

（四）代鼓（幽遠也）“淵淵”。

（五）鸞聲（和也）“噦噦”

（六）敷政（寬大也）“優優”。

（七）崇墉（堅也）“仡仡”。以上《詩經》句。

（八）“聲聞”過情，君子恥之。

（九）坐於“塗岩”。

（十）人見其“濯濯”也。

（十一）“平旦”之氣。

（十二）舜盡乎事親之道而瞽瞍“底豫”。

（十三）若藥不“瞑眩”。

（十四）樂歲粒米“狼戾”。

（十五）“饔飧”而治。

（十六）“氾濫”於天下。

（十七）雖“袒裼”“裸裎”於我側。

（十八）“接淅”而行。

（十九）由水之就下，“沛然”誰能禦之。

（二十）“芒芒然”歸。

（二十一）皆“欣欣然”有喜色而相告曰。

（二十二）吾善養乎“浩然”之氣。

（二十三）君哉，舜也，“巍巍乎”有天下而不與焉。

（二十四）“皜皜乎”不可尚已。

（二十五）夷子“憮然”。

（二十六）則“皇皇如”也。

（二十七）詩曰：天之方蹶，無“然泄泄”。

（二十八）原泉“混混”，不舍晝夜

（二十九）象曰：“鬱陶”思君爾，“忸怩”。

（三十）瞽瞍亦“允若”。（佳順也）

（三十一）在國曰“市井”之臣，在野曰“草莽”之臣。

（三十二）“斯須之”敬在鄉人。

（三十三）是以若彼“濯濯”也。

（三十四）“諄諄然”命之乎。

（三十五）既而“幡然”改曰。

（三十六）使已“僕僕爾”亟拜也。

（三十七）“孳孳”為利者。

（三十八）終身“訢然”樂而忘天下。

（三十九）“般樂”飲酒。

（四十）何以是“嘐嘐也”。

（四十一）人知之亦“囂囂”，人不知亦“囂囂”。

（四十二）“驩虞如”也。

（四十三）“皞皞”也。

（四十四）使人“昭昭”。

（四十五）行何為“踽踽”“涼涼”。

（四十六）“閹然”媚於世也者。以上《孟子》

（四十七）身體“昳麗”。（美麗也。）《國策》

（四十八）其書雖“瓌瑋”而“連犿”無傷。（連犿，宛轉貌。）《莊子》

（四十九）收“恢台”（廣大貌。）之孟夏兮。

（五十）軫石“威嵬”。（高貌。）以上《楚辭》

（五十一）“焯爍”（光貌。）其陂。

（五十二）海內“殽亂”。（棼亂也。）以上《漢書》

（五十三）或“櫎朗”（朗，光明也。）而“拓落”。《文選·魏都賦》

（五十四）密房“郁毓”（盛多也。）被其阜。同上《蜀都賦》

（五十五）相與“聊浪”乎“昧莫”之坰（聊浪，放曠貌。）同上《吳都賦》

第二章　語氣詞

第一節　語氣詞之意義及分類

二一六，述語人轉述人我口氣之語謂之語氣詞。

例如：孟子曰：“魚，我所欲也。”

（注）上句“魚，我所欲也”，孟子之語也。而述語人述之，加“孟子曰”三字以聲明為孟子之語而入孟子之語氣，故謂之語氣詞。

二一七，語氣詞分類凡二：（一）直接語氣；（二）間接語氣。

第二節　直接語氣

二一八，直接語氣者，述語人惟於發語人之原語外，加“某曰”字樣以聲明為某之語，其語則完全為某之語而不加以任何變更者也。

（注）如前節例，“孟子曰”以下“云云”均孟子之語氣也。

第三節　間接語氣

二一九，間接語氣者，述語人轉述他人之語而以自己之語氣出之者也。

例如：彼固謂“彼與我乃極友善”也。

（注）上句“彼與我乃極友善”一語，彼之語，而乃以我之語氣出之者也。但語意則猶彼之語意也，而以我之語氣轉述之耳。故曰間接語氣也。

第四節　直接語氣與間接語氣用字之變轉

二二〇，以直接語氣改作間接語氣其間用字必須變轉者約有六點。蓋以發語人之地位而異也。茲列舉之如下：

（甲）表示聲明語之動字“曰”改作“謂”字或其他相當之字。

（乙）第一位之代字必變為第三位。

（丙）動字省者，以補足之為宜。

例如：孟子曰：“魚，我所欲也。”——直接

孟子謂魚“為”“彼”所欲。——間接

（注）動字“為”仍省，亦無不可，則必須仍留助字“也”為之煞尾。

（丁）現在時期之狀字變為過去時期。

例如：孟子曰：“今”之事君者云云。——直接

孟子謂“其時”之事君者云云。——間接

（注）設述語人與發語人所處之時期相同，則時期狀字亦不變。

（戊）原對語人非同時對於述語人亦為對語人時，則其第二位代字應變作第三位，或代以原對語人之專名。

例如：（白圭曰："丹之治水也，愈於禹。"）孟子曰："子過矣。"——直接

（仝上）孟子謂"彼"（或"白圭"）過矣。——間接

（己）直接語氣中既有第一位代字，復有第二第三位代字者，當第一位變作第三位時，則原有之第二或第三位應改用專名，不能指出專名者則用"人"字代之。

例如：柳下惠曰："爾為爾，我為我。"——直接

"柳下惠謂人為人，彼為彼。"——間接

（注）反之間接語氣欲易為直接者，則依上例倒行。

第五節　述本人之語氣詞

二二一，述語人記述本人之語則用間接語氣，與直接語氣無異。

例如：余曰余何畏彼。——直接

余謂余何畏彼。——間接

第六節　語氣辭之析句法

二二二，語氣辭之析句，先以聲明語為主句，以語氣詞為補充辭，而後更以語氣詞分析之。（式見連句析句式（二））

【練習題】

試將下列各句中直接語氣詞改為間接語氣。

（一）孟子見梁惠王，王曰："叟，不遠千里而來，亦將有以利吾國乎。"

（二）梁惠王曰："寡人之於國也，盡心焉耳矣。河內凶，則移其民於河東。"

（三）曰："是心足以王矣。百姓皆以王為愛也，臣固知王之不然也。《孟子·對齊宣王語》

（四）柳下惠成覸謂齊景公曰："彼，丈夫也，我，丈夫也，吾何畏彼哉？"

（五）曰："我明語子，昔者魯繆公無人乎子思之側，則不能安子思。泄柳、申詳無人乎繆公之側，則不能安其身。子為長者慮而不及子思，子絕長者乎，長者絕子乎？"《孟子·對客語》

第三章　脩詞大略（各字之省略及移動）

第一節　主格之省略

二二三，簡單主格之省略約可分為下列九種。

（甲）次句以下各句其主格與首句相同者，則皆可省。

例如：門人治任，將歸，入揖於子貢，相嚮而哭，皆失聲，然後

歸。（孟子）

（注）上六句其主格皆“門人”二字也。既見於首句，餘均省。

（乙）發語人對對語人論列某事，其主格已前見或可不言而喻者，均可省。

例如：子封曰：“可矣，厚將得衆。”公曰：“不義不匿，厚將崩。”（《左傳》）

（注）“曰厚將得衆”。“曰不義不暱，厚將崩”，其主格均指鄭太叔段，已前見且不言而喻，故均省。（隱公元年）

（丙）主格為一國家或與之相當之代表名稱，讀者自知之，不必得其主名者，則其主格可省。

例如：三年春，王三月壬戌，平王崩。赴以庚戌，故書之。（《左傳》）

（注）“赴以庚戌”，周所赴也。周為一朝之國號，其為主格，在記載語氣中已不煩言而喻，故省。

（丁）其主格即係對語之之人，則可省。

例如：將立州吁，乃定之矣。（《左傳》）

（注）“將立”句之主格指莊公也。其語為石碏對莊公所發，故省。（隱公三年）

（戊）句中主格卽為發語人本身者，其主格可省。

例如：微子，則不及此。（《左傳》）

（注）上句為晉侯夷吾對里克之語，言“微子，則‘我’不及此”也。主格“我”省。（僖公十年）

（己）主格係指一般之人，可不言而喻，則有時可省。

例如：夫寵而不驕，驕而能降，降而能憾，憾而能眕者，鮮矣。（《左傳》）

（注）上四句其主格皆為名字“人”，蓋指一般之人也，省去，則辭氣為流暢也。

（庚）上句之賓格適為下句之主格者，則下句之主格可省。

例如：繼室以聲子，生隱公。（《左傳》）

（注一）上句謂繼室以聲子，“聲子”生隱公也。第二句主格“聲子”二字正可借用上句之賓格，故省。

（注二）前例若必欲以第二句主格加入，則亦無不可。

例如：宋武公生仲子，仲子生而有文在其手。《左傳》若省去第二句之“仲子”二字，則與前例相同。

（辛）緊接前文賓格，其間僅插入煞尾助字或發語人之入口語氣者，其與前文賓格相同之主格仍可省。

例如：“況君之寵弟乎。”公曰：“多行不義，必自斃。”（《左傳》）

（注）“多行不義”語之主格為名字“弟”，與前文賓格相同，雖加入煞尾助字“乎”及發語人之入口語氣“公曰”其主格仍可省。

（壬）下句之主格與上句間以補充辭，而與前句主動之賓格相同者，亦有時可省。

例如：齊侯田于沛，招虞人以弓，不進。（《左傳》）

（注）下句“不進”之主格為“虞人”，與上句賓格相同，但間以補充辭“以弓”，仍可省。

（例外一）上句名字過多，易滋淆亂者，則下句主格雖有可省之例，仍應列入，以期明瞭。

例如：宋衛既入鄭，而以伐戴召蔡人，“蔡人”怒，故不和而敗。（《左傳》）

（注）上句宋、衛、鄭、戴、蔡均同為專名，故下句若不明列“蔡人”，恐滋混淆也。

（例外二）凡上文兩句各有其主格，或一句有二箇以上之主格者，則下文亦必分別提明。

例如：公孫閼與潁考叔爭車，“潁考叔”挾輈以走，“子都”拔棘以逐之，及大逵，弗及，“子都”怒。（《左傳》）

（注）上例以第一句有兩主格，以下各句表其各个之行為，不得不將其主格逐一

分提，省則混淆矣。

第二節　賓格之省略

二二四，凡賓格之省略，約可分為下列八種：

（甲）賓格可不言而喻者，可省。

例如：且是以不孝令也。（《左傳》）

（注）上句"令"為主動，其下應有賓格"諸侯"二字，今省。蓋讀其原文上下文，可不言而喻也。

（乙）平連句上下賓格相同，則下句省其賓格；而詞氣弗順者，則以兩同義動字疊用之。

例如：其父析薪，其子弗克負荷。（《左傳》）

（注）上平連句補足之，當為"其父析薪，其子勿克負薪（或荷薪）（原句薪下省連字）"。"薪"為賓格，上下相同，故下句省。但用一動字，似詞氣弗順，故疊用"負荷"二字。

（丙）賓格見於前讀，而下文賓格與之相同者，則省。

例如：晉以"衛"之救陳也，討焉。（《左傳》）

（注）下句"討焉"、補足之，當為"討衛焉"。賓格"衛"，省也。

（丁）凖動字後有補充辭者，其賓格省。

例如：起不堪也，無以及召公。（《左傳》）

（注）上句"無以及召公"言無"德"以及召公也。凖動字"無"之賓格"德"省。

（戊）對語人於可不言而喻之物且發語人不欲直言而隱約其辭者，則其所指物名之為賓格者，可省。

例如：伯氏諸侯皆有以鎮撫王室，晉獨無有，何也？（《左傳》）

（注）上例補足之，當為“伯氏諸侯皆有‘器’以‘之’鎮撫王室，晉獨無有‘器’，何也”。以其為王面對晉侯語，且上文有撙以魯壺語，係見壺而發，則不必直指其字，故省。下文文伯對則言“皆受明器於王室”云云可證。（昭公十五年）

（己）賓格補充辭以動字直接其主句之賓格，則其原主句之賓格可省。例一，鄭人聞有晉師，使告於楚。（《左傳》）

例二，俾隊其師。（《左傳》）

（注）例一“使”下應有“人”字為其原賓格。例二“俾”下應有“之”字為其原賓格。今皆省。

（庚）下句賓格補充辭中動字之賓格與上句賓格相同者，其賓格可省。

例如：有罪若何告無？（《左傳》）

（注）下句言“若何告神以無罪也”，“罪”字為補充辭之賓格，與上句之“有”字之下賓格相同，故省。

（辛）主格補充辭之置主動前者，其補充辭中介字之賓格可省。

例如：姚句耳與往。（《左傳》）

（右[1]）句應作“姚句耳與之往”。“與之”，補充辭也，在主動之前而省其介字之賓格“之”。

第三節　主動之省略

二二五，主動之省略約分下列九種：

（甲）主格以下僅有表字或並其狀者，其主動可省。

例如：彼其髮短而心甚長。（《左傳》）

[1] “右”字當為“注”字，“句”字之前應加一“上”字——編者註

（注）上兩平連句上句謂“彼髮是短”，下句謂“心是甚長”，皆省主動“是”。上句主格“髮”下僅有表字“短”。下句主格“心”下僅有表字“長”及其狀字“甚”。

（乙）主格補充辭其作用等於表辭，其主動可省。

例如：況良霄我先君穆公之胄。（《左傳》）

（注）上例“良霄”為主格，“我先君穆公之胄”則為補充辭，中省主動“為”而相直接。補足之，當為“良霄‘為’我先君穆公之胄也”。

（丙）賓格有時代動字之用而動字省。

例如：宋公不王。（《左傳》）

（注）上例謂宋公不朝王也。省動字“朝”，而“王”字之用如“朝王”也。

（丁）兩句之主動，上下句一正一負者，則下句可僅用狀字“否”而省其動字。

例如：小人恐矣，君子則“否”。（《左傳》）

（戊）有時狀與名連而其間之動字可省。

例如：諸侯“悉”“師”以復伐鄭。（《左傳》）

（注）狀字“悉”下名字“師”上省動字“出”。

（己）狀字所狀之動字不言而喻者，可省其動字，而以狀兼代其用。

例一，趙孟辭，私於子產曰。（《左傳》）

（注）上例第二句言私說於子產也。動字“說”不言而喻，故以狀字兼代其用。

例二，彼徒我車。（《左傳》）

（注）上句言彼徒“行”，我車“行”也。內動“行”不言而喻，“徒”“車”均其狀字也，故“行”字省。

（庚）補充辭在主動之前，其主動可省，而僅存其賓格兼代動字之用。

例如：其為先君“宮”，告成事而已。（《左傳》）

（注）言其為先君“作”宮也。“為先君”，補充辭也。在主動之前，故主動“作”省，而僅存其賓格名字“宮”。下文有云“作先君宮，告成事而還”可證也。（宣公十二年）

（辛）有主格補充辭用“者”“也”等字為煞尾助字，則其主動省。

例如：恃陋而不備，罪之大者也；備豫不虞，善之大者也。《左傳》

（注）上句“恃陋而不備”“備豫不虞”兩讀，謂恃陋不備及備豫不虞之事，均主格也。“罪之大者”及“善之大者”兩讀各為其補充辭。介其間者應有動字“為”，今省。

（壬）為賓格之名字依慣例而省主動。

例如：今無祿，早世。（《左傳》）

（注）“早世”言早“卽世”或“逝世”也，乃常依慣例省其在前之動。

第四節　名字之省略

二二六，表字之後其被表之名可省略者，約為下列種二：

（甲）被表之名不言而喻者可僅用其表而省其名。

例如：疾病則亂，吾從其治也。（《左傳》）

（注）“亂”“冶”均表字，補足之，當為“疾病則‘命’亂，吾從其冶‘命’”也。兩“命”字均省而僅存其表。後文“有爾用先人之治命”句可證也。（宣公十六年）

（乙）用羣名為系屬表字者常得省其所表之名。

例如：“天下”誰畜之。（《左傳》）

（注）上句“天下”，羣名也，而此為系屬表字。謂“天下人”或“天下之人誰畜之”也。今省其所表之名“人”或並系屬字“之”。

二二七，有以名為表而復省其所表名致為輾轉之變義者。

例如：則“梓”、匠、“輪”“輿”皆得食其子。

（注）“梓”為木之一種，“輪”為車輪，“輿”為車，此其為名之原義。上句則用為“梓人”“輪人”“輿人”，謂以梓作器之人、造輪之人、御車之人也，則用如表字，乃均省“人”字而仍用如名，則與原名之義不同矣。惟“匠”字即加“人”雖可為表而義仍同再省“人”字，義亦不更。

第五節　表字之省略

二二八，表字之省約舉之，有下列二種：

（甲）與對語人言，其屬於對語人之系屬表字可省。

例如：敢不惟命是聽。（《左傳》）

（注）上句言敢不惟“君”命是聽也。對語者，“君”也，故系屬表字“君”可省。

（乙）有時用狀辭乃省其所狀之表。

例如：王之好樂甚，則齊其庶幾乎？（《孟子》）

（注）“庶幾”，狀辭也，謂齊國庶幾“治平”也。今省表辭“治平”。

第六節　狀字之省略

二二九，狀字用於助動字“敢”“肯”“可”三字之前而狀其否决之意，且遇下述兩種原因時則省其否决狀字：

（甲）表示加重之意，正面負用者。

例如：“敢”辱高位，以速官謗。（《左傳》）

（注）上句敢辱高位者，言“不”敢辱高位也。省否决狀字“不”而意更加重，故曰正面負用。“敢”字若易作“肯”字，亦通。

（乙）前句已見否决狀字，下句更進一步有加重之意不言而喩者。

例一，厥子乃“弗”“肯”堂，矧“肯”構。（《尚書》）

例二，惡之易也，如火之燎於原，“不”可嚮邇，其猶“可”撲滅。（《左傳》）

（注一）上例一矧肯構者，言更“弗”肯構也。蓋其前有“弗肯”一句，足以證之矣。

（注二）例二其猶可撲滅者，言更“不”可撲滅也。蓋其前有“不可嚮邇”句，足以證之矣，皆正面負用也。

（注三）上舉三例，“敢”“肯”“可”三字用法大致相同，惟“可”字意思較晦，故鮮用之者。

第七節　介字之省略

二三〇，主格補充辭介字在內動字下，可省。

例如：故事半古之人，功必倍之。（《孟子》）

（注）“半”此用如內動，其下應有介字“於”，謂事半“於”古之人也，今省。

第八節　補充辭之省略

二三一，補充辭，以上文可意會不言而喻者，則可全省而用煞尾助字“焉”以足之。

例如：子於鄭國，棟也。棟折榱崩，僑將厭焉。（《左傳》）

（注）上例末句“僑將厭焉”謂僑將“被”厭“於下”也。補充之意自明，故省其補充辭“於下”而殿以煞尾助字“焉”。

二三二，補充辭之補充辭有不言而喻者，可省。

例如：君無信，臣懼不免。（《左傳》）

（注）上句“臣懼不免”謂“不免於死”也。“不免”，原為補充辭，“於死”，則補充辭之補充辭，不言而喻，故省。

第九節　句身之省略

二三三，下句之句身全與上句相同而意義相貫連者，則皆可省。

例如：其鄭國實賴之，豈惟二三臣？（《左傳》）

（注）上例下句"豈唯二三臣"言"豈唯二三臣實賴之"也。蓋其句身乃與上句完全相同，故可省也。

第十節　主動及賓格同省

二三四，與對語人承上文而言者，則並可省其主動及賓格，僅著其狀字及賓格之表而意自明。

例如：唯所欲與。(《左傳》)

（注）上句補足之，當為"唯（與）所欲與（者）"。主動"與"及賓格代字"者"均省去也，而意自明。

第十一節　動及表同省

二三五，一句之賓格，其主動及其表字皆可不言而喻，則皆可省。

例如：趙孟不復年矣。(《左傳》)

（注）上句補足之，當為"趙孟不復享永年矣"。今其意自明，故僅著賓格而省其主動"享"及表字"永"。

第十二節　主格與主動同省或與賓格同省

二三六，有時兩句主格同為對語之人，句意相承，主動亦可意會，而以聯字連之者，則可省其主格及主動，亦或省其主格及賓格。

例如：佗邑唯命。(《左傳》)

（注）上例為平連句，以“唯”字聯之。省略之極，故上句僅餘賓格及其表，下句僅餘動字，其句簡練之至也。若補足之，當為“毋欲”他邑，唯“毋”命“之”。蓋鄭莊公對其母武姜語。（隱公元年）

第十三節　主格及表辭前後助字或系屬字同省

二三七，疑問語其表辭用被動式者，其主格及其表辭中之前後助字或系屬字均可同省。

例如：何事非君，何使非民。《左傳》

（注）上例引申而補足之，當為“何被事之人非君”“何被使之人非民”，此省主格“人”及其系屬表辭中動字“事”前之助字“被”及後之助字（或謂之系屬字），“之”乃成此式。蓋其句亦簡鍊異常也。

第十四節　主格主動之省及聯字之省略與倒置

二三八，有縮兩句為一而省其上下句之主格及上句之主動，且省其句中之聯字“而”，而移其句前之聯字“則”以代之者。

例如：國家之敗，有事而無業，事則不經；有業而無禮，經則不序；有禮而無威，序則不共；有威而不昭，共則不明。《左傳》

（注）如上例第三句“事則不經”，縮兩為一者也。補充之，當為“則國家有事

而事不經”。今乃省其上下句之主格“國家”“事”及上句之主動“有”，且省“而”字，而以“則”倒置於其地位也。餘類推。

第十五節　主格之表及其補充辭之聯合成句

二三九，句有省其主格及主動及其一部分附屬之字，而僅餘主格之表，與主格補充辭而成句者。

例如：道路以目。《國語》

（注）上句言“道路“之人相語“以目”也。“人”為主格，“語”為主動，今皆省去，並省其系屬字“之”及狀字“相”，僅餘主格“人”之表辭“道路”及補充辭“以目”（介及賓格）而成句。

第十六節　兩表讀聯合成句而省其名動及系屬字

二四〇，主賓格為兩表讀，省其所表之名或並其系屬字，且省句之主動，則兩表讀聯合而成句。

例如：犯順不祥。《左傳》

（注）上句謂犯順之事為不祥之事也（或犯順事為不祥事）。今省其所表之名“事”及系屬字“之”，且省其主動“為”，致成此式，意義不變而較簡練也。

第十七節　主格與補充辭同省

二四一，凡泛論一事，其句為解釋前語，主格可不言而喻者，則主格可省（與本章第一節已類相仿）。若其賓格補充辭介字之賓格亦前見或可不言而喻者，則並補充辭省之。

例如：風有采蘩采蘋，雅有行葦泂酌，昭忠信也。《左傳》

（注）上例“昭忠信也”一語補充之，應為“詩人以之昭忠信”也。此主格“詩人”及其補充辭“以之”亦連帶省去，蓋介字“以”之賓格。代字“之”所指者，即“采蘩”“采蘋”“行葦”“泂酌”，均前見也。

第十八節　主格及主動皆省而僅存補充辭

二四二，主格及主動有時皆省而僅存其補充辭。

例如：困獸猶鬥，况國相乎？

（注）下句“况國相乎”補足之，應作“况其為國相乎”。“其”，主格；“為”，主動；今皆省，而僅存其補充辭名字“國相”。

第十九節　聯字及主格主動並其補充辭中動字之賓格皆省

二四三，下句解釋上句之意義可省其主格及動而僅存其補充辭之動字，且並其動之賓格亦省，但須加以煞尾助字“也”以明解釋之意。

例如：不書卽位，攝也。《左傳》

（注）前下句若補足之，當為“因其為攝位”也。今省聯字“因”、主格“其”、主動“為”及其補充動字之賓格“位”字，而僅存“攝”字，更用助字“也”以明解釋之意。

第二十節　補充辭之介字省

二四四，補充辭之介字有時可省，而於其賓下置助字“乎，則益加重。

例如：七日不克，必爾“乎”取之。《左傳》

（注）上句“必”下“爾”上省介字“自”或“於”，言“必自爾取之”也。“自爾”，為補充辭。此乃省介字“自”而加置助字“乎”也。

第二十一節　有賓格補充辭而省其主句之賓格及補充辭之介字

二四五，有賓格補充辭之句為著在介字“於”及其賓格者，若其原有之賓格意義可以不言而喻，則可省其主句原有之賓格及介字，而以介字之賓格直接本句之主動。

例如：齊人將築薛。《左傳》

（注）言齊人將築“城於”薛也。省賓格“城”及介字“於”。以“築薛”之為

“築城於薛”，意甚明顯，可不言而喻也。若“齊人將假道於薛”而言“齊人將假薛”，則不可，以意義不明耳。又設言“齊人將糴米於薛”而言“齊人將糴薛”，則亦可，蓋所糴必為米也。

第二十二節　補充辭中介字之賓格省

二四六，補充辭用於動字前，其介字之賓格已見前，可不言而喻者，可省。

例如：孔達縊而死，衛人以說於晉，而免。《左傳》

（注）下句補足之，應為“‘衛’人以‘之’說於晉而免”。“之”字省，蓋指孔達縊而死之事，上文已明，故可省也。

第二十三節　補充辭中介字及其賓格同省

二四七，內動字下主格補充辭之介字可省，而其賓格有系屬表字者，亦可省賓格而僅存其系屬表字。

例如：君三泣臣矣。《左傳》

（注）上句當作“君三泣於臣前矣”。“於臣前”三字，為主格補充辭，今既省介字“於”並省賓格“前”而僅存系屬表字“臣”。

第二十四節　省主句之賓格而併省其補充辭之介字及賓格

二四八，賓格補充辭有時省其主句之賓格及其介字，而介字之賓格有系屬表字者，一併省去也。

例如：且子食志乎，食功乎？《孟子》

（注）此言“子食‘之以其’志乎”或“食‘之以其’功乎”，今省去原賓格“之”及著因介字“以”，且并介字賓格“志”“功”二字之系屬表字“其”亦省去，乃成今式。若誤以“志”“功”二字為動字“食”之直接賓格，則句意謬矣，不可不知也。

第二十五節　主動與其賓格之倒置

二四九，動字與其賓格可倒置以示加重語意。

例如：所不此報，無能涉河。《左傳》

（注）“所不此報”應作“所不報此”。“此”為“報”之賓格，今倒。

第二十六節　主動與賓格倒置而加助字

二五〇，有時為加重語意，主動與其賓格可以互倒而酌加助字。

例如：臣何力之有焉？《左傳》

（注）上句應作“臣有何力焉”。今主動與賓格互倒而加助字“之”。

第二十七節　主格與其補充辭之易位且省主動

二五一，發語者表示異常憤慨而寓感歎之意得以主格移至最後煞尾助字之前，且有時省其主動。

例如：使我殺適立庶以失大援者，“仲”也夫。《左傳》

（注）上句應作“仲為使我殺適立庶以失大援者也夫”。今“仲”（主格）字移置最後煞尾助字“也夫”之前，主動“為”字省，斯主格補充辭在句之最前矣。

第二十八節　賓格與主動之倒置而合成主格

二五二，賓格有時可與其主動倒置，以增句勢而成名辭，為句之主格。

例如：“王覲”為可。

（注）上例“王覲”即“覲王”也。今倒置而用如名辭，為動字“為”之主格。

第二十九節　狀字隨動與賓格倒置

二五三，為加重詞意致動字與其賓格相倒置，而其狀字前更有否決狀字狀之者，其狀字亦可隨動字移賓格之後，致與其否決狀字相間以賓格。

例如：余“不”女忍殺。《左傳》

（注）上句順置之，應為“余不忍殺汝”。今以動字“殺”及其賓格“女”相倒。而狀字“忍”則亦隨其動字移置賓格之後，致與其否決狀字“不”為賓格“女”所間不能相連也。

第三十節　疑問語之以補充辭倒移於句首

二五四，泛論事物主格原省而為疑問語氣者，則可使在動字後之補充辭倒置於主格之地位。

例如：恭儉，豈可以聲音笑貌為哉？《孟子》

（注）上例順置之，則為“豈可以聲音笑貌為‘恭儉’哉”。“恭儉”二字，原為主動“為”後之補充辭，今倒置於前。

第三十一節　補充辭介字與其賓格及其主動互倒

二五五，補充辭若為問語式得以介字置主動後，又以其賓格倒置於主動之前，而間以助字。

例如：而何以田為？《左傳》

（注）言“為何以田”或“因何而田”也。“為”為著因介字，“何”為賓格，合

之則為補充辭。“以”為助字，“田”為主動，今乃以介字“為”置“田”字後，而以其賓格“何”置主動及其助字前。

第三十二節　補充辭之介字及其賓格之倒置

二五六，凡句之主格省者，其補充辭之介字及其賓格可以倒置。

例如：勤以撫之，寬以待之，堅彊以御之，明神以要之。《左傳》

（注）如上第一句主格省，“撫”為主動，“之”為賓格，“勤以”為補充辭，應作“以勤”而倒置者也。餘類推。

第三十三節　補充辭省介字而以其賓格與主動倒置

二五七，補充辭在動字前者，為簡練詞意，可省補充辭之介字而移其賓格於主句賓格之上，其句意不變。

例如：引其封彊而樹之官，舉之表旗而著之制令。《左傳》

（注）上例補足之，應為“引其封彊而為之樹官”“舉之表旗而為之著制令”。今省介字“為”，而以其賓格“之”置於主句賓格之前，主句之主動則代介字之地位而置補充辭賓格之前，句意仍同。

第三十四節　補充辭倒置主動之前

二五八，凡為結論之句原有主格者，則其補充辭可移置主格之後，主動之前。而介字與其賓格互倒，在慣例，其賓格多用“是”字，通常視為與“故”字同義，亦言“因此”也。

例如：君子“是以”知平公之失政也。《左傳》

（注）上句謂“君子知平公之失政也以是”。今移其補充辭於主格“君子”之後，主動“知”之前，而“以是”倒作“是以”。

二五九，凡為結論之句而原省主格者，其補充辭可移至句首主格之地位，且其介字與賓格互倒，在慣例，其賓格多用“此”字。義與前同。

例如：“此以”知其勸賞也。《左傳》

（注）上句謂“知其勸賞也以此”。今以其補充辭移置句首主格之地位而“以此”倒作“此以”。

第三十五節　表讀省介字及名而倒置於主讀之前

二六〇，表讀以介字及表名集合而成者，有時省介及名而僅存表且倒置主讀之前。

例如：“諸侯”唯宋能事其君。《左傳》

（注）上句補足之，當為“唯宋（在諸侯中）能事其君”。“在”為介字，“諸侯”為系屬表字，表名字“中”，言在諸侯之中也，今僅存系屬表字。“諸侯”置之句前也。

第三十六節　聯字與主格之倒置而變為狀辭

二六一，聯字有時移置主格之後，則謂之狀辭（狀時期）亦可。

例如：衆說，晋“於是乎”作州兵。《左傳》

（注）言“其時始作州兵”也，故“於是乎”為動字“作”之時期狀字。

第三十七節　系屬表字之更加說明

二六二，主格之系屬表字為加重起見，得更以其所指人物之名冠諸其前以為說明。

例一、臧文仲，其不仁者三，不知者三。《左傳》

例二、古之君子，其過也，如日月之食。《孟子》

（注）上例一“不仁者”、“不知者”、均為名辭而立於主格之地位，其下動字“有”省，“其”為主格之系屬表字，而復冠以專名“臧文仲”者，所以說明“其”字係指“臧文仲”而加重之也。例二“其”字前冠以“古之君子者”謂其字係指“古之君子”也。亦即類於主格複字也。

第三十八節　被動式句之主格省而以賓格及其表辭代之

二六三，被動式可省其主格而以賓格及其表辭移於主格之地位。

例如：戎狄豺狼，不可厭也；諸夏親暱，不可棄也；宴安酖毒，不可懷也。《左傳》

（注）上例若補充其主格而為主動式，則應作“治國者，不可厭豺狼之戎狄，不可棄親暱之諸夏，不可懷酖毒之晏安”。今作此式，是以賓格及表辭移於主格之地位也。（參閱動字）

第三十九節　主句與補充辭之句式不必相同

二六四，主動式句，其補充辭可為被動式。

例如：巫臣請使於吳。《左傳》

（注）上句謂“巫臣請被使於吳”。其主句“巫臣請”為主動式，“使於吳”則為補充辭而被動式也。

第四十節　一句並列兩補充辭之地位

二六五，一句有兩並列之補充辭，則其序次在前者置主動前，而序次在後者置主動後。

例如：秋，莒去疾“自齊”入“於莒”。《左傳》

（注）上句“自齊”“於莒”皆主格補充辭也，以序次論，故“自齊”置主動“入”之先，而“於莒”置主動“入”之後，必自齊而入莒也。

第四十一節　兩句共同之補充辭

二六六，兩句有共同之的而為補充辭以說明之者，則以兩句平連而公用一補充辭。

例如：若夫保姓受氏，以守宗祊。《左傳》

（注）上例“保姓”及“受氏”各為一句，其共同之的，為“守宗祊”，故並連之而以“以守宗祊”為其共同之補充辭焉。

第四十二節　句之主讀與他讀之句式不必相同

二六七，以加重他讀之賓格得於主動式之主讀參用被動式之他讀。

例如：且吳“社稷是卜”，豈為一人？《左傳》

（注）上句“吳豈為一人”為主動式讀，本句之主讀也。而“社稷”本為動字“卜”之賓格，茲欲並重之，故用被動式為“社稷是卜”，而為主格“吳”之表讀，此主讀與其他各讀可不必用一式也。

第四十三節　一句分作兩讀

二六八，一句欲作兩讀可省其動字而移句首表兼聯用之字置下讀，而析之為二，實則仍為一句也。

例如：敬愼威儀，惟民之則。《詩經》

（注）上句應為“惟敬愼威儀為民之則”，實一句也。今欲析之為四言二讀，乃省“為”字而移“惟”字於第二讀之首。

第四十四節　疑問語之總括

二六九，兩句以上比較而成疑問，則以疑問語置之最後以貫之。

例如：旣曰：“志至焉，氣次焉。”又曰：“持其志，無暴其氣者，‘何也’？”《孟子》

（注）上例引兩成語相比較而發生疑問，則以疑問狀辭“何也”一語置之最後，以貫前句。

（注二）“何也”為“此是何故也”之省文。

【練習題】

試將以下各句省略字及倒置字分別補出或改正。如有為被動式者，則改為主動式。

（一）勝之不武，弗勝為笑。

（二）何惡之能為。

（三）楚懼不可用也。

（四）君其待之，乃止。

（五）晉未可與爭。

（六）晉雖無道，未可叛也。

（七）君子是則是效。

（八）邴夏御齊侯，逢丑父為右。

（九）與其莫往，弱，不猶愈乎？

（十）小國幸於大國，而昭所獲焉。

（十一）闕地下冰即床焉。

（十二）夫文王猶用衆，況吾儕乎？

（十三）諸侯之士門焉。

（十四）晉不吾疾也。

（十五）治天下可運之掌上。

（十六）天方授楚，未可與爭。（以上皆《左傳》）

第四章　文字上之標記

第一節　標記之分類及作用

二七〇，文字上所用之標記，大致可分七種：（一）圓點“·”；（二）尖點“、”；（三）圈“。”；（四）單直“—”雙直“＝”；（五）橫弧“( )”；（六）直弧“㩳”；（七）對角括“”。其用途（一）至（三）共為兩類：（甲）為句讀停頓及終了之標記；（乙）為文字優點及警句之標記。（四）為表示專名之標記。（五）為辨別章節數目字之標記。（六）為辨別章節或分括注解之標記。（七）為辨別專名及成語之標記。

第二節　圓點“·”之用

二七一，圓點“·”之用：其在句讀則為停頓之用，尤重在判別同類之字，使勿混淆也。其位置多在句中。

例如：秋，晉士鞅·宋樂祁·衛北宮喜·曹人·邾人·滕人，會於扈。《左傳》

二七二，圓點“·”之用·其在評點，則為標示警句之意，其位置應在字下。

例如：國子先生晨入太學，招諸生立館下，誨之曰："業精於勤荒於嬉，行成於於思毀於隨。"（韓文）

第三節　尖點"、"之用

二七三，尖點"、"之用：其在句讀，則多用於讀之停頓處。其通常位置應在字下。

例如：舜生於諸馮、遷於負夏、卒於鳴條、東夷之人也。《孟子》

二七四，尖點"、"之用于於評點者，其用與圓點"·"之用同。

例如：諸生業患不能精無患有司之不明（韓文）

第四節　圈"。"之用

二七五，圈"。"之用於句讀者，為一句終了之標記。

例如：文王生於岐周，卒於畢郢，西夷之人也。《孟子》

二七六，圈"。"之用於評點者，則表示文中極優美或優警句之標記，而於下句開首處？則反省一圈以為斷句之識別。（"·""、"之用於評點者亦同。（參前節））

例如：言未既有笑於列者，曰："先生欺余哉，弟子事先生，於茲有年矣。"（韓文）

第五節　單直"一"雙直之用

二七七，直"—"者，用於專名之旁以為之標記者也。如人名用"—"，地名則多用"＝"。

例如：子產聽鄭國之政，以其乘輿濟人於溱洧。《左傳》

（注）單直"—"雙直"＝"例應用於字之上方，近以便於排印，遂移用於下，乃成上下咸宜矣。又國名，比附人名或地名均可。

第六節　橫弧"（ ）"、直弧"︶"之用*

二七八，橫弧"（ ）"者，於分別章節時所用數目或甲乙等字加之標記以醒眉目者也。

例如：（一）天文類（甲）行星

二七九，直弧"︶"之用凡二。

（甲）與"（ ）"之用同。

（二）加於注釋以別於正文。

例如：入楚地，燒其積聚（師古曰：倉廩芻稾之屬），以破其業。《漢書》

（注）如用夾行小注，則"（ ）"之標記可省。

第七節　對角括之用

一八〇，對角括""者，文字中所引用成語或名辭恐與其他文字相混，而為之標記以促讀者之注意者也。

例如：所謂"故國"者，非謂有"喬木"之謂也，有"世臣"之謂也。《孟子》

* 橫弧、直弧今合為"（ ）"。——編者註

第八節　標記之通用及省略

二八一，通常標記中之“·”“、”均可通用，有悉用“·”者，有悉用“、”者，有悉用“。”者。

( )、—、＝及“”之用，多於科學文字中用之，通常文字省略者為多。

（注）吾國文字原著作人多不自加標記。斯令後世讀者彌感困難，而啟注釋者紛爭之端。致一句讀之微，且成文字上深奧之問題，甚無謂也。故愚見以為此後吾國文字原著作人宜各自加標記，以利後之讀者而使文字清晰，不致輾轉失真，其所關尤匪細也。

第三卷　辨文

第一章　文體之別

第一節　文體之說明及其分別

二八二，文者，集句以成篇段，而以之表現作者之意思，或記事物之狀况者也。以組句形式之不同而大別其文體為二：(一)散文；(二)駢文。

第二節　散文

二八三，散文者，其造句以自然為貴，各為長短而不尚整齊駢偶者也。但其中間有句讀自然為偶者，亦所不禁。例如司馬遷《談論六家要指》：

《易大傳》：天下一致而百慮，同歸而殊塗。夫陰陽、儒、墨、名、法、道德，此務為治者也，直所從言之異路，有省不省耳。嘗竊觀陰陽之術，大祥而衆忌諱，使人拘而多所畏；然其序四時之大順，不可失也。儒者博而寡要，勞而少功，是以其事難盡從；然其序君臣父子之禮，列夫婦長幼之別，不可易也。墨者儉而難遵，是以其事不可徧循；然其彊本節用，不可廢也。法家嚴而少恩，然其正君臣上下之分，不可改矣。名家使人儉而善失眞，然其正名實，不可不察也。道家使人精神專一，動合無形，贍足萬物，其為術也，因陰陽之大順，采儒墨之善，撮名法之要，與時遷移，應物變化，立俗施事，無所不宜，指約而易操，事少而功多。儒者則不然。以為人主天下之儀表也，主倡而臣和，主先而臣隨。如此則主勞而臣逸。至於大道之要，去健羨，絀聰明，釋此而任術。夫神大用則竭，形大勞則敝。形神騷動，欲與天地長久，非所聞也。夫陰陽四時，八位、十二度、二十四節，各有教令，順之者昌，逆之者不死則亡。未必然也，故曰“使人拘而多畏”。夫春生夏長，秋收冬藏，此天道之大經也，弗順則無以為天下綱紀，故曰“四時之大順，不可失也”。夫儒者以六藝為法，六藝經傳以千萬數，累世不能通其學，當年不能究其禮。故曰“博而寡要，勞而少功”。若夫列君臣父子之禮，序夫婦長幼之別，百家弗能易也。墨者亦尚堯舜道，言其德行，曰：“堂高三尺，土階三等，茅茨不翦，采椽不刮。食土簋，啜土刑，糲粱之食，藜藿之羹。夏日葛衣，冬日鹿裘。”其送死，桐棺三寸，舉音不盡其哀。教喪禮，必以此為萬民之率。使天下法若此，則尊卑無別也。夫世異時移，事業不必同，故曰“儉而難遵”。要其強本節用，則人給家足之道也。此墨子之所長，雖百家弗能廢也。法家不別親疏，不殊貴賤，一斷於法，則親親尊尊之恩絕矣。可以行一時之計，而不可長用也，故曰“嚴而少恩”。若尊主卑臣，明分職，不得相踰越，雖百家弗能改也。名家苛察繳繞，使人不得反其意，都決於名而失人情，故曰“使人儉而善失眞”。若夫控名責實，參伍不失，此不可不察也。道家無為，又曰無不為，其實易行，其辭難知。其術以虛無為本，以因循為用。無成勢，無常形，故能究萬物之情。不為物先，不為物後，故能為萬物主。有法無法，因時為業；有度無度、因物與合。故曰“聖人不朽、時變是守”。虛者道之常也，因者君之綱也。羣臣並至，使各自明也。其實中其聲者謂之端，實不中其聲者謂之窾。窾言不聽，姦乃不生，賢不肖自分，白黑乃形。在所欲用耳，何事不成。乃合大道，混混冥冥。光耀天下，復反無名。凡人所生者神也，所託者形也。神大用則竭，形大勞則敝，形神離則死。死者不可復生，離者不可復反，故聖人重之。由是觀之，神者生之本也，形者生之具也。不先定其神，而曰“我有以治天下”，何由哉?

第三節　駢文

二八四，駢文者，其造句以整齊駢偶為尚，句之字數以相等者為多，尤以四六言為主要，而間以散句及聯字助字為之貫聯者也。例如：孔德璋《北山移文》:

鍾山之英，草堂之靈，馳煙驛路，勒移山庭。夫以耿介拔俗之標，蕭灑出塵之想，度白雪以方絜，干青雲而直上，吾方知之矣。若其亭亭物表，皎皎霞外，芥千金而不眄，屣萬乘其如脫，聞鳳吹於洛浦，值薪歌於延瀨，固亦有焉。豈期終始參差，蒼黃翻覆，淚翟子之悲，慟朱公之哭。乍迴跡以心染，或先貞而後黷，何其謬哉！嗚呼！尚生不存，仲氏既往，山阿寂寥，千載誰賞？世有周子，雋俗之士，既文既博，亦玄亦史。然而學遁東魯，習隱南郭；偶吹草堂、濫巾北岳；誘我松桂，欺我雲壑。雖假客於江皋，乃纓情於好爵。其始至也，將欲排巢父，拉許由，傲百氏，蔑王侯。風情張日，霜氣橫秋。或歎幽人長往，或怨王孫不遊。談空空於釋部，覈玄玄於道流。務光何足比？涓子不能儔。及其鳴騶入谷，鶴書赴隴，形馳魄散，志變神動。爾乃眉軒席次，袂聳筵上。焚芰製而裂荷衣，抗塵容而走俗狀。風雲悽其帶憤，石泉咽而下愴。望林巒而有失，顧草木而如喪。至其紐金章，綰墨綬，跨屬城之雄，冠百里之首，張英風於海甸，馳妙譽於浙右。道帙長殯，法筵久埋。敲扑諠囂犯其慮，牒訴倥偬裝其懷。琴歌既斷，酒賦無續。常綢繆於結課，每紛綸於折獄。籠張趙於往圖，架卓魯於前籙。希蹤三輔豪，馳聲九州牧。使我高霞孤映，明月獨舉，青松落陰，白雲誰侶？磵石摧絕無與歸，石逕荒涼徒延佇。至於還飆入幕，寫霧出楹，蕙帳空兮夜鵠怨，山人去兮曉猨驚。昔聞投簪逸海岸，今見解蘭縛塵纓。於是南岳獻嘲，北壟騰笑，列壑爭譏，攢峯竦誚。慨遊子之我欺，悲無人以赴弔。故其林慚無盡，磵愧不歇，秋桂遺風，春蘿罷月。騁西山之逸議，馳東皐之素謁。今又促裝下邑，浪拽上京。雖情投於魏闕，或假步於山扃。豈可使芳杜厚顏，薜荔無恥，碧嶺再辱，丹崖重滓，塵游躅於蕙路，汙淥池以洗耳？宜扃岫幌，掩雲關，斂輕霧，藏鳴湍，截來轅於谷口，杜妄轡於郊端。於是叢條瞋膽，疊潁怒魄，或飛柯以折輪，乍低枝而掃跡：請迴俗士駕、為君謝逋客。

第二章　文類之別

第一節　文類之定名

二八五，吾國文字相沿數千年，分類紛雜，辨析綦難：有同類而用多名者，有一名互用於數類者，有時代不同各異其名者。玆舉其通常所用，可大別之凡二十：（一）書；（二）序；（三）論；（四）辨；（五）議；（六）解；（七）說；（八）傳；（九）行狀；（十）記；（十一）箴；（十二）頌；（十三）贊；（十四）銘；（十五）哀弔文；（十六）歌；（十七）詩；（十八）騷；（十九）賦；（二十）小說。

第二節　書

二八六，書者，以其個人之意思籍文字之傳達以致之他人之文也。以對人或對事之不同，更析其類為五，分述如下。

（甲）詔。

以上對下所用之書，古代帝王對其臣下多用之，亦曰諭、曰制、曰誥、曰策令、曰令、曰教命、曰命、曰册、曰敕，皆詔也。例如漢武帝詔，詔曰："蓋有非常之功，必待非常之人。故馬或奔踶而致千里，士或有負俗之累而立功名。夫泛駕之馬，跅弛之士，亦在御之而已。其令州縣察吏民有茂才異等可為將相及使絕國者。”

（乙）表。

以下對上所用之書，古者臣下對於君上多用之，亦曰說、曰議、曰書、曰疏、曰封事、曰奏、曰章、曰劄子、曰本，有所問曰對，有所爭曰諫，皆表也。例如諸葛亮《出師表》：

臣亮言：“先帝創業未半而中道崩殂，今天下三分，益州疲弊，此誠危急存亡之秋也。然侍衛之臣不懈於內，忠志之士忘身於外者，蓋追先帝之殊遇，欲報之於陛下也。誠宜開張聖聽，以光先帝遺德，恢宏志士之氣，不宜妄自菲薄，引喻失義，以塞忠諫之路也。宮中府中，俱為一體，陟罰臧否，不宜異同。若有作姦犯科及為忠善者，宜付有司論其刑賞，以昭陛下平明之治，不宜偏私，使內外異法也。侍中侍郎郭攸之、費禕、董允等，此皆良實，志慮忠純，是以先帝簡拔以遺陛下。愚以為宮中之事，事無大小，悉以諮之然後施行，必能裨補闕漏，有所廣益。將軍向寵，性行淑均，曉暢軍事，試用於昔日，先帝稱之曰能，是以衆議舉寵為督。愚以為營中之事，事無大小，悉以諮之，必能使行陳和穆，優劣得所也。親賢臣，遠小人，此先漢所以興隆也；親小人，遠賢臣，此後漢所以傾頹也。先帝在時，每與臣論此事，未嘗不歎息痛恨於桓靈也。侍中、尚書、長史、參軍，此悉貞諒[1]死節之臣也，願陛下親之信之，則漢室之隆，可計日而待也。臣本布衣，躬耕於南陽，苟全性命於亂世，不求聞達於諸侯。先帝不以臣卑鄙，猥自枉屈，三顧臣於草廬之中，諮臣以當世之事，由是感激，遂許先帝以驅馳。後值傾覆，受任於敗軍之際，奉命於危難之間，爾來二十有一年矣。先帝知臣謹慎，故臨崩寄臣以大事也。受命以來，

[1] “諒”，當為“良”。——編者註

夙夜憂歎，恐託付不效，以傷先帝之明。故五月渡瀘，深入不毛。今南方已定，兵甲已足，當獎帥[1]三軍，北定中原，庶竭駑鈍，攘除姦凶，興復漢室，還於舊都。此臣之所以報先帝而忠陛下之職分也。至於斟酌損益，進盡忠言，則攸之、禕、允之任也。願陛下託臣以討賊興復之效，不效則治臣之罪，以告先帝之靈。若無興德之言，則責攸之、禕、允之咎，以彰其慢。陛下亦宜自謀，以咨諏善道，察納雅言、深追先帝遺詔。臣不勝受恩感激。今當遠離，臨表涕泣，不知所云。"

（丙）策對。

合以上甲乙二種而為問答之書，上以之詢而下以之對也。例如董仲舒《對賢良策》：

制曰："朕獲承至尊休德，傳之亡窮而施之罔極。任大而守重，是以夙夜不皇康甯。永惟萬事之統，猶懼有闕，故廣延四方之豪儁。郡國諸侯公選賢良修潔博習之士，欲聞大道之要，至論之極。今子大夫褎然為舉首，朕甚嘉之。子大夫其精心致思，朕垂聽而問焉。蓋聞五帝三王之道，改制作樂，而天下洽和，百王同之。當虞氏之樂，莫盛於韶，於周莫盛於勺。聖王已沒，鍾鼓筦絃之聲未衰，而大道微缺陵夷。至虖桀紂之行，王道大壞矣。夫五百年之間，守文之君，當塗之士，欲則先王之法以戴翼其世者甚衆。然猶不能反，日已仆滅，至後王而後止。豈其所持操，或誖繆而失其統與，固天降命不可復反，必推之於大衰而後息與。烏虖！凡所為屑屑夙興夜寐務法上古者，又將無補與。三代受命，其符安在？災異之變，何緣而起？性命之情，或夭或壽，或仁或鄙，習聞其號，未燭厥理。伊欲風流而令行，刑輕而姦改，百姓和樂，政事宣昭。何修何飭而膏露降，百穀登，悳潤四海，澤臻草木，三光全，寒暑平，受天之祜，享鬼神之靈，悳澤洋溢，

[1] "帥"，當為"率"。——編者註

施虖方外，延及羣生。子大夫明先聖之業，習俗化之變，終始之序，講聞高誼之日久矣。其明吕諭朕。科别其條，勿猥勿并，取之於術，慎其所出。迺其不正不直不忠不極，枉於執事，書之不泄，興於朕躬，毋悼後害。子大夫其盡心靡有所隱，朕將親覽焉。”

仲舒對曰：“陛下發德音，下明詔，求天命與情性，皆非愚臣之所能及也。臣謹案《春秋》之中，視前世已行之事，吕觀天人相與之際，甚可畏也。國家將有失道之敗，而天迺先出災害吕譴告之。不知自省，又出怪異吕警懼之。尚不知變而傷敗迺至。吕此見天心之仁愛人君，而欲止其亂也。自非大亡道之世者，天盡欲扶持而全安之，事在彊勉而已矣。彊勉學問，則聞見博而知益明；彊勉行道，則德日起而大有功，此皆可使還至而立有効者也。《詩》曰‘夙夜匪解’，《書》云‘茂哉茂哉’，皆彊勉之謂也。道者，所繇適於治之路也。仁、義、禮、樂，皆其具也。故聖王已沒，而子孫長久安甯數百歲，此皆禮樂教化之功也。王者未作樂之時，迺用先王之樂宜於世者，而吕深入教化於民。教化之情不得，雅頌之樂不成，故王者功成作樂，樂其德也。樂者，所以變民風，化民俗也。其變民也易，其化人也著。故聲發於和而本於情，接於肌膚，臧於骨髓。故王道雖微缺，而筦絃之聲未衰也。夫虞氏之不為政久矣，然而樂頌遺風猶有存者，是吕孔子在齊而聞韶也。夫人君莫不欲安存而惡危亡。然而政亂國危者甚衆，所任者非其人，而所繇者非其道，是吕政日吕仆滅也。夫周道衰於幽厲，非道亡也，幽厲不繇也。至於宣王，思昔先王之德，興滯補弊，明文武之功業，周道粲然復興，詩人美之而作。上天祐之，為生賢佐。後此稱誦，至今不絕。此夙夜不解行善之所至也。孔子曰：‘人能宏道，非道宏人也。’故治亂廢興在於己，非天降命，不可得反，其所操持誖繆失其統也。臣聞天之所大奉使之王者，必有非人力所能致而自至者，此受命之符也。天下之人，同心歸之，若歸父母，故天瑞應誠而至。《書》曰：‘白魚入於王舟，有火復於王屋流為烏。’此蓋受命之符也。周公曰‘復哉復哉’，孔子曰‘德不孤必有鄰’，皆積善絫德之效也。及至後世，淫佚衰微，不能統理羣生，諸侯背畔，殘賊良民，㠯爭壤土。廢德教而任刑罰，刑罰不中，則生邪氣。邪氣積於下，怨惡畜於上。上下不和，則陰陽繆盭而妖孽生矣，此災異所緣而起也。臣聞命者，天之令也；性者，生之質也；情者，人之欲也。或夭或壽，或仁或鄙，陶冶而成之，不能粹美。有治亂之所生，故不齊也。孔子曰：‘君子之德風也，小人之德草也，草上之風必偃。故堯舜行德則民仁壽，桀紂行暴則民鄙夭。夫上之化下，下之從上，猶泥之在鈞，惟甄者之所為；猶金之在鎔，惟冶者之所鑄。綏之斯徠，動之斯和，此之謂也。臣謹案《春秋》之文，求王道之端，得之於正。正次王，王次春。春者天之所為也；正者，王之所為也。其意曰：上承天之所為，而下㠯正其所為，正王道之端云爾。然則王者欲有所為，宜求其端於天。天道之大者在陰陽，陽為德，陰為刑，刑主殺而德主生。是故陽常居大夏，而㠯生育養長為事；陰常居大冬，而積於空虛不用之處。㠯此見天之任德不任刑也。天使陽出布施於上而主歲功，使陰入休於下而時出佐陽。陽不得陰之助，亦不能獨成歲終陽㠯成歲為名，此天意也。王者，承天意㠯從事，故任德教而不任刑。刑者不可任㠯治世，猶陰之不可任㠯成歲也。為政而任刑，不順於天，故先王莫之肯為也。今廢先王德教之官而獨任執法之吏治民，毋迺任刑之意與？孔子曰‘不教而誅謂之虐’，虐政用於下而欲德教之被四海，故難成也。臣謹案《春秋》謂一元之意。一者，萬物之所從始也；元者，辭之所謂大也；謂一為元者，視大始而欲正本也。春秋深探其本而反自貴者始。故為人君者，正心㠯正朝廷、正朝廷㠯正百官，正百官㠯正萬民，正萬民㠯正四方，四方正遠近莫敢不壹於正，而亡有邪氣奸其閒者。是㠯陰陽調而風雨時，羣生和而萬民殖，五穀熟而草木茂。天地之間被潤澤而大豐美，四海之內聞盛德而皆徠臣。諸福之物，可致之祥，莫不畢至，而王道終矣。孔子曰‘鳳鳥不至，河不出圖，吾已矣夫’。自悲可致此物，而身卑賤不得致也。今陛下貴為天子，富有四海，居得致之位，操可致之勢，又有能致之資，行高而恩厚，知明而意美，愛民而好士，可謂誼主矣。然而天地未應而美祥莫至者，何也？凡㠯教化不立而萬民不正也。夫萬民之從利也，如水之走下，不㠯教化隄防之，不能止也。是故教化立而姦邪皆正者，其隄防完也。教化廢而姦邪並出，刑罰不能勝者，其隄防壞也。古之王者明於此，是故南面而治天下，莫不目教化為大務。立大學㠯教於國，設庠序以化於邑，漸民㠯仁，摩民㠯誼，節民㠯禮，故其刑罰甚輕而禁不犯者，教化行而習俗美也。聖王之繼亂世也，掃除其迹而悉去之，復修教化而崇起之。教化已明，習俗已成，子孫循之，行五六百歲尚未敗也。至周之末世，大為亡道，㠯失天下。秦繼其後，獨不能改，又益甚之，重禁文學，不得挾書，棄捐禮誼而惡聞之，其心欲盡滅先聖之道，而顓為自恣苟簡之治，故立為天子十四歲而國破亡矣。自古㠯來，未嘗有㠯亂濟亂，大敗天下之民如秦者也。其遺毒餘烈，至今未滅，使習俗薄惡，人民嚚玩，抵冒殊扞，孰爛如此之甚者也。孔子曰：‘腐朽之木，不可彫也。糞土之牆，不可圬也。今漢繼秦之後，如朽木糞牆矣，雖欲善治之，亡可奈何。法出而姦生，令下而詐起，如㠯湯止沸，抱薪救火，愈甚亡益也。竊譬之琴瑟不調，甚者必解而更張之，迺可鼓也。為政而不行，甚者必變而更化之，迺可理也。當更張而不更張，雖有良工不能善調也。當更化而不更化，雖有大賢不能善治也。故漢得天下㠯來，常欲善治而至今不可善治者，失之於當更化而不更化也。

古人有言曰：‘臨淵羡魚、不如退而結網。’今臨政而願治，七十餘歲矣，不如退而更化。更化則可善治，善治則災害日去，福祿日來。《詩》云‘宜民宜人，受祿於天’，為政而宜於民者，固當受祿於天。夫仁義禮知信五常之道，王者所當修飭也。五者修飭，故受天之祐而享鬼神之靈，德施於方外，延及羣生也。”

（丁）啟。

通常往還之書也，亦曰書、曰狀、曰箋、曰移文，皆啓也。例如：

（一）任昉《啓蕭太傅固辭奪禮》：

昉啓：近啓歸訴，庶諒窮款。奉被還旨，未垂哀察。悼心失圖、泣血待旦。君於品庶、示均鎔造。干祿祈榮，更為自拔。虧教廢禮，豈關視聽？所不忍言，具陳茲啓。昉往從末宦，祿不代耕。飢寒無甘旨之資，限役廢晨昏之半；膝下之懽，已同過隙；几筵之慕，幾何可憑？且奠酹不親，如在安寄。晨暮寂寥，閬若無主。所守旣無別理，窮咽豈及多喻。明公功格區宇，感通有塗。若霈然降臨，賜寢嚴命。是知孝治所被，爰至無心。錫類所及，匪徒教義。不任崩迫之情，謹奉啓事陳聞。謹啓。

（二）王安石《答程公闢議親書》：

某啓言：念某跋通德之門，馳誠數仞；叙宜家之慶，拜貺尺書。伏承賢郎推官蘭砌傳芳，鯉庭稟訓。辱好逑之首逮，見久要之彌敦。鴻儀之復問敢稽，鵲喜之叶占旣吉。眷惟姪女，未習婦功，交秦晉之歡，仰從嘉命；望金、張之館，俯愧衰宗。榮幸所兼，敷陳疇悉。謹奉狀謝，伏惟照察。謹狀。

（注）上例（乙）題用“書”字，首用“啓”字，末用“狀”字，可見當時三字互用，不生分別也。

（戊）檄。

對敵方申其罪狀宣我德威之書也。例如司馬長卿《喻[1]巴蜀檄》：

告巴蜀太守：蠻夷自擅，不討之日久矣。時侵犯邊境，勞士大夫。陛下即位，存撫天下，安集中國，然後興師出兵，北征匈奴，單于怖駭，交臂受事，屈膝請和。康居西域，重譯納貢，稽顙來享。移師東旨，閩越相誅；右弔番禺，太子入朝。南夷之君，西僰之長，常效貢職，不敢墮怠。延頸舉踵，喁喁然，皆嚮風慕義，欲為臣妾，道里遼遠，山川阻深，不能自致。夫不順者已誅，而為善者未賞，故遣中郎將往賓之。發巴蜀之士各五百人、以奉幣帛，衛使者不然，靡有兵革之事，戰鬬之患。今聞其乃發軍興制，驚懼子弟，憂患長老。郡又擅為轉粟運輸，皆非陛下之意也。當行者或亡逃自賊殺，亦非人臣之節也。夫邊郡之士，聞烽舉燧燔，皆攝弓而馳，荷兵而走，流汗相屬，唯恐居後，觸白刃，冒流矢，議不反顧，計不旋踵，人懷怒心，如報私讎。彼豈樂死惡生，非編列之民，而與巴蜀異主哉？計深慮遠，急國家之難，而樂盡人臣之道也。故有剖符之封，析珪而爵，位為通侯，處列東第。終則遺顯號於後世，傳土地於子孫。行事甚忠敬，居位甚安逸，名聲施於無窮，功烈著而不滅。是以賢人君子，肝腦塗中原，膏液潤野草而不辭也。今奉幣役至南夷，即自賊殺，或亡逃抵誅，身死無名，謚為至愚，恥及父母，為天下笑。人之度量相越，豈不遠哉！然此非獨行者之罪也，父兄之教不先，子弟之率不謹，寡廉鮮恥，而俗不長厚也。其被刑戮，不亦宜乎！陛下患使者有司之若彼，悼不肖愚民之如此，故遣信使曉諭百姓以發卒之事，因數之以不忠死亡之罪，讓三老孝悌以不教誨之過。方今田時，重煩百姓，已親見近縣，恐遠所谿谷山澤之民不徧聞，檄到，亟下縣道，使咸喻陛下之意。無忽！

[1] 當爲“諭”。——編者註

第三節　序

二八七，序者，有所序述之文也。又別其類為二，分述如下。

（甲）著作序。

凡著作必有緣起，經過及作者之用意，乃為文以序述之，有自為之序者，有他人為之序者，亦有後之讀者更為之序者，亦曰引、曰叙、曰題、曰題詞、曰記，置於後者曰跋、曰書後、曰識，皆序也。例如司馬遷《十二諸侯年表序》：

太史公讀春秋歷[1]譜諜，至周厲王，未嘗不廢書而歎也。曰：嗚呼，師摯見之矣！紂為象箸而箕子晞。周道缺，詩人本之衽席，《關雎》作。仁義陵遲，《鹿鳴》刺焉。及至厲王，以惡聞其過，公卿懼誅而禍作，厲王遂奔于彘，亂自京師始，而共和行政焉。是後或力政，彊乘弱，興師不請天子。然挾王室之義，以討伐為會盟主，政由五霸，諸侯恣行，淫侈不軌，賊臣篡子滋起矣。齊、晉、秦、楚其在成周微甚，封或百里或五十里。晉阻三河，齊負東海，楚介江淮，秦因雍州之固，四國迭興，更為伯主，文武所褒大封，皆威而服焉。是以孔子明王道，干七十餘君莫能用，故西觀周室，論史記舊聞，興於魯而次《春秋》。上記隱，下至哀之獲麟，約其辭文，去其煩重，以制義法，王道備，人事浹、七十子之徒口受其傳指，為有所刺譏褒諱挹損之文辭不可以書見也。魯君子左邱明懼弟子人人異端，各安其意，失其眞，故因孔子史記，具論其語，成《左氏春秋》。鐸椒為楚威王傅，為王不能盡觀《春秋》，采取成敗，卒四十章，為《鐸氏微》。趙孝成王時，

[1] “歷”，當為“曆”，下文依此逕改。——編者註

其相虞卿上采《春秋》，下觀近世，亦著八篇，為《虞氏春秋》。呂不韋者，秦莊襄王相，亦上視尚古，删拾《春秋》，集六國時事，以為八覽、六論、十二紀，為《呂氏春秋》。及如荀卿、孟子、公孫固、韓非之徒，各往往捃摭《春秋》之文以著書，不可勝紀。漢相張蒼歷譜五德，上大夫董仲舒推《春秋》義，頗著文焉。太史公曰：儒者斷其義，馳說者騁其辭，不務綜其終始；歷人取其年月，數家隆於神運，譜諜獨紀世謚，其辭略，欲一觀諸要難。於是譜十二諸侯，自共和訖孔子，表見《春秋》《國語》學者所譏盛衰大指著於篇，為成學治國聞[1]者要删焉。

（乙）贈人序。

人有懿行美德，為文以記之者，或重在贈言，或意在表揚。屬於前者曰贈序，原於唐初，亦曰引、曰說、曰文；屬於後者為壽序，則明代方有之，皆贈人序也。各舉一例如下。

（一）贈序。

韓愈《送高閑上人序》：

苟可以寓其巧智，使機應於心，不挫於氣，則神完而守固，雖外物至，不膠於心。堯、舜、禹、湯治天下，養叔治射，庖丁治牛，師曠治音聲，扁鵲治病，僚之於丸，秋之於弈，伯倫之於酒，樂之終身不厭，奚暇外慕？夫外慕徙業者，皆不造其堂，不嚌其胾者也。往時張旭善草書，不治他伎。喜怒窘窮，憂悲、愉佚、怨恨、思慕、酣醉、無聊、不平，有動於心，必於草書焉發之。觀於物，見山水崖谷，鳥獸蟲魚，草木之花實，日月列星，風雨水火，雷霆霹靂，歌舞戰鬬，天地事物之變，可喜可愕，一寓於書。故旭之書，變動猶鬼神，不可端倪，以此終其身而名後世。今閑之於草書，有旭之心哉！不得在心

❶ “國聞”，當為“古文”。——編者註

而逐其跡，未見其能旭也。為旭有道，利害必明，無遺錙銖，情炎於中，利欲鬭進，有得有喪，勃然不釋，然後一決於書，而後旭可幾也。今閑師浮屠氏，一死生，解外膠。是其為心，必泊然無所起；其於世，必淡然無所嗜。泊與淡相遭，頹墮委靡，潰散不可收拾，則於其書得無象之然乎！然吾聞浮屠人善幻，多技能，閑如通其術，則吾不能知矣。

（二）壽序。

歸有光《周弦齋壽序》：

弦齋先生，居崑山之千墩浦上，與吾母家周氏居相近也。異時周氏諸老人皆有厚德，饒於積聚。為子弟延師，曲有禮意。而先生嘗為之師，諸老人無不敬愛。久之，吾諸舅兄弟，無非先生弟子者。余少時，見吾外祖與先生遊處，及吾舅兄弟之從先生遊。今聞先生老而強壯如昔，往來千墩浦上，猶能步行十餘里。每見余外氏從江南來，言及先生，未嘗不思少時之母家之室屋井里森森如也；周氏諸老人之厚德渾渾如也；吾外祖之與先生遊處恂恂如也。吾舅若兄弟之從先生遊齗齗如也。今室屋井里非復昔時矣；吾外祖諸老人無存者矣；舅氏，惟長舅存耳，亦先生之弟子也，年七十餘矣。兄弟中，河南行省參知政事子和最貴顯，亦已解組而歸，方日從先生於桑梓之間。俛仰今昔，覽時事之變化，人生之難久長如是。是不可不舉觴而為之賀也！嘉靖丁巳某月日，先生八十之誕辰。子和旣有文以發其潛德，余雖不見先生久，而少時所識其淳樸之貌，如在目前。吾弟子靜復來言於余，亦以余之知先生也。先生名果，字世高，姓周氏，別號弦齋云。

第四節　論

二八八，論者，於古今之人事有所論列之文也。舉例如下。

曾鞏《唐論》：

成康歿而民生不見先王之治，日入於亂，以至於秦，盡除前聖數千載之法。天下既攻秦而亡之，以歸於漢。漢之為漢，更二十四君，東西再有天下，垂四百年。然大抵多用秦法，其改更秦事，亦多附己意，非放先王之法而有天下之志也。有天下之志者，文帝而已。然而天下之材不足，故仁聞雖美矣，而當世之法度亦不能放於三代。漢亡，而強者遂分天下之地。晉與隋雖能合天下於一，然而合之未久而已亡，其為不足議也。代隋者唐，更十八君，垂三百年，而其法莫盡於太宗之為君也。詘己從諫，仁心愛人，可謂有天下之志。以租庸任民，以府衛任兵，以職事任官，以材能任職，以興義任俗，以尊本任衆，賦役有定制，兵農有定業，官無虛名，職無廢事，人習於善行，離於末作，使之操於上者要而不煩，取於下者寡而易供？民有農之實而兵之備存，有兵之名而農之利在，事之分有歸，而祿之出不浮，材之品不遺，而治之體相承，其廉恭日以篤，其田野日以闢，以其法修則安且治，廢則危且亂，可謂有天下之材。行之數歲，粟米之賤，斗至數錢，居者有餘蓄，行者有餘資，人人自厚，幾至刑措，可謂有治天下之效。夫有天下之志，有天下之材，又有治天下之效，然而不得與先王並者，法度之行，擬之先王未備也。禮樂之具，田疇之制，庠序之數，擬之先王未備也。躬親行陳之間，戰必勝，攻必克，天下莫不以為武而非先王之所尚也。四夷萬里，古所未及，以政者莫不服從，天下莫不以為盛，而非先王之所務也。太宗之為政於天下者，得失如此。由唐虞之治五百餘年而有湯之治，由湯之治五百餘年而有文武之治，由文武之治千有餘年而始有太宗之為君。有天下之志，有天下之材，又有治天下之效，然而又以其未備也，不得與先王並而稱極治之時。是則人生於文武之前者，率五百餘年而一遇治世，生於文武之後者，千有餘年而未遇極治之時也。非獨民之生於是時者之不幸也，士之生於文武之前者，如舜禹之於唐，八元八凱之於舜，伊尹之於湯，太公之於文武，率五百餘年而一遇。生之文武之後千有餘年，雖孔子之聖、孟軻之賢而不遇，雖太宗之為君而未可以必得志於時也，是亦士民之生於是時者之不幸也。故述其是非得失之迹，非獨為人君者可以考焉，士之有志於道而欲仕於上者可以鑒矣。

第五節　辨

二八九，辨者，於古今事物有所辨別或正譌之文也。舉例如下。

柳宗元《桐葉封弟辨》：

古之傳者有言：成王以桐葉與小弱弟戲，曰："以封汝。"周公入賀。王曰："戲也。"周公曰："天子不可戲。"乃封小弱弟於唐。吾意不然。王之弟當封耶？周公宜以時言於王，不待其戲而賀以成之也。不當封耶，周公乃成其不中之戲，以地以人與弱者為之主，其得為聖乎？且周公以王之言不可苟焉而已，必從而成之耶？設有不幸，王以桐葉戲婦寺，亦將舉而從之乎？凡王者之德，在行之何若。設未得所當，雖十易之不為病；要於其當，不可使易也，而況以其戲乎！若戲而小行之，是周公教王遂過也。吾意周公輔成王，宜以道，從容優樂、要歸之大中而已，必不逢其失而為之辭。又不當束縛之，馳驟之，使若牛馬然，急則敗矣。且家人父子尚不能以此自克，況號為君臣者耶！是特小丈夫䟦䟦者之事，非周公所宜用，故不可信。或曰：封唐叔，史佚成之。

第六節　議

二九〇，議者，於古之事有所議，或於今之事有所建議之文是也。舉例如下。

韓愈《改葬服議》：

經曰："改葬緦。"《春秋穀梁傳》亦曰："改葬之禮緦，舉下緬也。"此皆謂子之於父母，其他則皆無服。何以識其必然？經次五等之服，小功之下，然後著改葬之制，更無輕重之差。以此知維記其最親者，其他無服則不記也。若主人當服斬衰，其餘親各服其服，則經亦言之不當惟云緦也。《傳》稱"舉下緬者"，緬，猶遠也；下，謂服之最輕者也。以其遠，故其服輕也。江熙曰："禮，天子諸侯易服而葬，以為交於神明者，不可以純凶，況其緬者乎？是故改葬之禮，其服惟輕。"以此而言，則亦明矣。衛司徒文子改葬其叔父，問服於子思。子思曰："禮，父母改葬緦，既葬而除之，不忍以無服送至親也。非父母無服，無服則弔服而加麻，此又其著者也。"文子又曰："喪服既除，然後乃葬，則其服何服？"子思曰："三年之喪未葬，服不變，除何有焉。然則改葬與未葬者有異矣。古者諸侯五月而葬，大夫三月而葬，士逾月。無故，未有過時而不葬者也。過時而不葬，謂之不能葬。《春秋》譏之。若有故而未葬，雖出三年，子之服不變，此孝子之所以著其情，先王之所以必其時之道也。雖有其文，未有著其人者，以是知其至少也。改葬者，為山崩水涌毁其墓，及葬而禮不備者。若文王之葬王季，以水齧其墓；魯隱公之葬惠公，以有宋師，太子少，葬故有闕之類是也。喪事有進而無退，有易以輕服，無加以重服。殯於堂則謂之殯，瘞於野則謂之葬。近代以來，事與古異，或游或仕；在千里之外；或子幼妻稚，而不能自還；甚者拘以陰陽畏忌，遂葬於其土。及其返葬也，遠者或至數十年，近者亦出三年，其吉服而從於事也久矣，又安可取未葬不變服之例，而返為之重服歟？在喪當葬，猶宜易以輕服，况既遠而反純凶以葬乎？若果重服，是所謂未可除而除，不當重而更重也。或曰：喪與其易也甯戚，雖輕服不亦可乎？曰：不然，易之與戚，則易固不如戚矣；雖然，未若合禮之為懿也。儉之與奢，則儉固愈於奢矣；雖然，未若合禮之為懿也。過猶不及，其此類之謂乎。或曰：經稱改葬緦，而不著其月數，則似三月而後除也。子思之對文子，則曰"既葬而除之"，今宜如何？曰：自啓至於既葬，而三月，則除之；未三月，則服以終三月也。曰：妻為夫何如？曰：如子。無弔服而加麻則何如？曰：今之弔服，猶古之弔服也。

第七節　解

二九一，解者，於古人之言有所見而為辭以解之之文，亦曰義。舉例如下。

王安石《復讐解》：

或問復讐，對曰："非治世之道也。明天子在上、自方伯諸侯以至於有司，各修其職，其能殺不辜者少矣。不幸而有焉，則其子弟以告於有司，有司不能聽；以告於其君，其君不能聽；以告於方伯，方伯不能聽；以告於天子，則天子誅其不能聽者，而為之施刑于其讐。亂世則天下諸侯方伯皆不可以告。故書說紂曰：'凡有辜罪，乃罔恆獲。小民方興，相為敵讐。'蓋讐之所以興，以上之不可告，辜罪之不常獲也。方是時，有父兄之仇而輒殺之者，君子權其勢，恕其情而與之，可也。故復讐之義，見於《春秋傳》，見於《禮記》，為亂世之為子弟者言之也。《春秋傳》以為父受誅，子復讐，不可也。此言不敢以身之私，而害天下之公。又以為父不受誅，子復讐，可也。此言不以有可絕之義，廢不可絕之恩也。周官之說曰：'凡復讐者，書於士，殺者無罪。'疑此非周公之法也。凡所以有復讐者，以天下之亂而士之不能聽也。有士矣，不能聽其殺人之罪以施行，而使為人之子弟者讐之，然則何取於士而祿之也？古之於殺人，其聽之可謂盡也，猶懼其未也，曰：'與其殺不辜，甯失不經'。今書於士則殺之無罪，則所謂復讐者，果所謂可讐者乎？庸詎知其不獨有可言者乎？就當聽其罪矣，則不殺於士師，而使讐者殺之，何也？故疑此非周公之法也。或曰：世亂而有復讐之禁，則甯殺身以復讐乎？將無復讐而以存人之祀乎！曰：可以復讎而不復，非孝也；復讎而殄祀，亦非孝也。以讎未復之恥，居之終身焉，蓋可也。讎之不復者，天也。不忘復讎者，己也。克己以畏天心，不忘其親，蓋亦可矣。

第八節　說

二九二，說者，於古今事物或字義有所說明之文，與辨解相類而較廣泛者也。舉例如下。

（一）韓愈《師說》：

古之學者必有師。師者，所以傳道受業解惑也。人非生而知之者，孰能無惑？惑而不從師，其為惑也終不解矣。生乎吾前，其聞道也固先乎吾，吾從而師之。生乎吾後，其聞道也亦先乎吾，吾從而師之。吾師道也，夫庸知其年之先後生於吾乎？是故無貴無賤，無長無少，道之所存，師之所存也。嗟乎！師道之不傳也久矣！欲人之無惑也難矣！古之聖人，其出人也遠矣，猶且從師而問焉。今之衆人，其下聖人也亦遠矣，而恥學於師。是故聖益聖，愚益愚。聖人之所以為聖，愚人之所以為愚，其皆出於此乎？愛其子，擇師而教之。於其身也，則恥師焉，惑矣。彼童子之師，授之書而習其句讀者也，非吾所謂傳其道解其惑者也。句讀之不知，惑之不解，或師焉，或不焉，小學而大遺，吾未見其明也。巫醫樂師百工之人，不恥相師。士大夫之族，曰師曰弟子云者，則羣聚而笑之。問之，則曰："彼與彼年相若也，道相似也。位卑則足羞，官盛則近諛。"嗚呼！師道之不復可知矣。巫醫樂師百工之人，君子不齒。今其智乃反不能及，其可怪也歟！聖人無常師，孔子師郯子、萇弘、師襄、老聃。郯子之徒，其賢不及孔子。孔子曰："三人行，則必有我師。"是故弟子不必不如師，師不必賢於弟子。聞道有先後，術業有專攻，如是而已。李氏子蟠，年十七，好古文，六藝、經傳皆通習之，不拘於時，學於余。余嘉其能行古道，作《師說》以貽之。

（二）葉德輝《"郋園"字義說》：

余別號郋園，垂四十年。人多不知"郋"之音讀，亦不知取義之意。有人詢其字，余頗煩於應對，又行之日久，不欲更易。至有誤書為"郇園"者，郇公以庖廚著稱，是目[1]余為飲食之徒也。是不可不

---

[1] "目"，應為"吕"。——編者註

一申其說，以明余志。考《說文解字·亯部》：郋，汝南召陵里，从亯，自聲。《繫傳》臣鍇曰：李陽冰云，即許慎所居之里。余少時先大夫教之識字，以《十三經集字檢》說解中字對讐。篆注其下。一生學業，不入歧趨，不敢虛造，皆基於此。壯歲通籍，正同光中興盛時，朝士崇尚樸學，人人企慕漢許叔重、鄭康成二氏。援李賡芸別號鄦齋之例，吴縣潘文勤公祖蔭號鄭盦，仁和汪柳門侍郎鳴鑾號郋亭。其他師鄦師鄭之稱，幾遍朝野。余方温《說解》，亦趨時尚，取號郋園，意謂師鄦師鄭。千百雷同，而仰止高山，不可無所嚮往，初不知汪侍郎有郋亭之號也。元和江建霞編修督學湘中見余別號，詫曰："何乃與侍郎同？"編修夫人為侍郎從女弟，彼固耳熟能詳也。余秉承庭訓，篤嗜小學。先以元尚署書齋名，又取《大戴禮》《爾雅》以觀於古之義，名其堂為觀古堂。其後蜀中有人刻石經彙，函前署元尚居。余耻茍同，毅然撤去其額。平生固有古泉癖好，遍索古泉書，見歙人鮑康所著古泉書，曰《觀古閣叢稿》，意欲避改而拙刻《觀古堂叢書》已流行於市肆，不能改也。"郋園"之號，則以庭訓伊始，不欲輙廢。然"園"之與"亭"固自有別。《說解·口部》：園，所以樹果也，从口，袁聲。《周禮》太宰二曰"園圃毓草木"，鄭注：樹果蓏曰"圃"。園，其樊也。又載"師以場圃任園地"，鄭注：樊圃謂之園。據此則園為圃之樊籬，其中所樹皆果蓏之屬。此如布帛菽粟不可須臾離也。《說解·亯部》：亭，民所安定也。亭有樓，从亯省，丁聲。以字義言之，亭樓不如園圃之廣大。許氏囊括百家，包孕萬有，安可以"亭"概之？則余"郋園"不可易矣。郋在春秋時，屬魯地。《春秋左氏傳》：桓十有七年，經，夏五月丙午，及齊師戰於奚。杜注：奚，魯地。《公羊傳》經文同，何休解詁：不詳何地。《穀梁傳》經：作戰於郎。范寧集解：亦不詳何地。按"郎"為"郋"之誤字，灼無可疑。鍾文杰

《穀梁補注》云:《左氏》《公羊》作“奚”。張壽恭曰:“《説文》、郋,汝南召陵里,从邑,自聲,讀若奚。凡《説文》讀若之字,皆可通假,《穀梁》蓋假“郋”為“奚”。後人少識“郋”字,以其與“郎”相似,故誤為“郎”耳,鍾說是也。趙坦《春秋三傳異文箋》云:《韻補》以“乜”之韻頤宦二字入陽部,以其有“養”音也。支、脂、之、微、齊、佳、皆、咍,古音同為一部。“乜”“之”韻既轉入陽韻,則“齊”韻之通“唐”,亦其類也。《穀梁》“奚”作“郎”亦方音之轉。陳立《公羊義疏》引此按:云、齊、微、部內字古本不與陽、唐、韻通。趙說非是。此或傳寫之訛,或一地二名,不必強為附合。陳不據《説解》讀,若駁之,又不於二字原得之聲為之考辨,未足以為碻證。蓋“奚”“郋”二字古本同音,非獨《説解》音讀分明,以原得之聲求之亦同為合唇音。《字說》解奚部首云:奚,大腹也,從大,䜌省聲。䜌,古文系。又系部首云:細絲也,象束絲之形,讀若𩑛。又自部首云,鼻也,象鼻形。又鼻部首云:引气自畀,从自畀,系之音从𩑛,“自”之字同“鼻”,故同聲通用,為六書之恆。《説解·後叙》愼子冲上書稱召陵萬歲里,公乘草莽臣冲萬歲又別一里,非愼故居。然同屬召陵,則相去必不遠。《漢書·地理志》:汝南郡縣三十七,召陵其一。師古曰:“即齊桓公伐楚,次於召陵者也。”召,讀曰“邵”,齊魯壤地相接,召陵縣名“郋”與。“萬歲”則縣中里名,故杜注以“奚”為魯地也。當日“郋亭”之侍郎,三十年來,姓名幾至泯滅。即《觀古閣叢稿》亦久肆架塵封。聚千萬姓之人,欲其姓名字號之不同,此本必無之事。小冠杜子夏固幸同有時名。司馬相如、藺相如亦各明其本志。余前既不因汪侍郎同此別號而有所趨避,後亦不因人不識“郋”字而易一名稱。《説解》以“奚”為大腹。余腹本空洞無邊,孝先之便便腹笥而有蘇東坡之不合時宜,余將改為“奚園”矣。識者或不以歸元恭之多別號相誚也夫。

（注一）上韓說專說師道一事。葉說既記事兼解“郎”字字義，為事物與字義相合之說也。

（注二）第二節表，有以說名者，則奏對陳說之謂，與此截然不同。第三節之序亦有以說稱者，則以蘇明允之父名序，故蘇氏諱序乃稱序曰說或曰引也。

第九節　傳

二九三，傳者，以一人終身事蹟為之傳記之文也。在史曰列傳，通常則皆謂之傳，所謂私傳也。舉例如下。

蘇軾《方山子傳》:

方山子，光、黃間隱人也。少時慕朱家、郭解為人，閭里之俠皆宗之。稍壯，折節讀書，欲以此馳騁當世，然終不遇。晚乃遯於光、黃間，曰岐亭。菴居蔬食，不與世相聞。棄車馬，毀冠服，徒步往來山中，人莫識也。見其所著帽方聳而高，曰:“此豈古方山冠之遺像乎？”因謂之方山子。余謫居於黃，過岐亭，適見焉。曰:“嗚呼！此吾故人陳慥、季常也，何為而在此？”方山子亦矍然，問余所以至此者。余告之故。俛而不答，仰而笑，呼余宿其家。環堵蕭然，而妻子奴婢皆有自得之意。余既聳然異之。獨念方山子少時飲酒好劍，用財如糞土。前十有九年，余在岐山，見方山子，從兩騎，挾二矢，游西山。鵲起於前，使騎逐而射下，不獲。方山子怒馬獨出，一發得之。因與余馬上論用兵及古今成敗，自謂一時豪士。今幾日耳，精悍之色猶見於眉間，而豈山中之人哉？然方山子世有勳閥，當得官，使從事於其間，今已[1]顯聞。而其家在洛陽，園宅壯麗與公侯等。河北有田，歲得帛千匹，亦足以富樂。皆棄不取，獨來窮山中，此豈無得而然哉？余聞光、黄間多異人，往往佯狂垢污，不可得而見，方山子儻見之與？

第十節　行狀

二九四，行狀者，類於傳而遜於傳之文。傳者，所以傳也。行狀則綜其一生行事之狀，付之史官以為傳之預備者，降及近世，大都家人親友為之以示當世而已，故其體較謙下。亦曰行略、曰事略，皆相同也。舉例如下。

王安石《兵部知制誥謝公行狀》：

公諱絳，字希深。其先陳郡陽夏人，以試祕書省校書郎起家，中進士甲科，守太常寺奉禮郎，七遷至尚書兵部員外郎以卒。嘗知汝之潁陰縣，校理祕書，直集賢院，通判常州、河南府，為開封府三司度支判官，與修眞宗史，知制誥，判吏部流內銓。最後以請知鄧州，遂葬於鄧，年四十六。其卒以寶元二年。公以文章貴朝廷，藏於家凡八十卷。其制誥，世所謂常、楊、元、白不足多也。而又有政事材，遇有尤劇，尤若簡而有餘。所至輒大興學舍，莊懿、明肅太后起二陵於河南，不取一物於民而足，皆公力也。後河南聞公喪，有出涕者，諸生至今祠公像於學。鄧州有僧誘民男女數百人，以昏夜聚為妖，積六七年不發，公至立殺其首，弛其餘不問。又欲破美陽堰，廢職田，復召信臣故渠，以水與民而罷其歲役，以卒故不就。於吏部所施置，為後法。其在朝，大事或諫，小事或以其職言。郭皇后失位，稱《詩·

[1] “已”，當作“已”。——編者註

白華》以諷，爭者貶，公又救之。嘗上書論四民失業，獻《大寶箴》、議昭武皇帝不宜配上帝，請罷內作諸奇巧。因災異推天所以譴告之意，言時政。又論方士不宜入宮，請追所賜詔。又以為詔令不宜偏出數易，請由中書密院然後下。其所嘗言甚衆，不可悉數。及知制誥，自以其近臣，上一有所不聞，其責今預我，愈慷慨欲以論諫為己事。故其葬也，廬陵歐陽公銘其墓，尤歎其不壽、用不極其材云。卒之日，歐陽公入哭其堂，椸無新衣，出視其家，庫無餘財。蓋食者數十人，三從孤弟姝皆在，而治衣櫛纔二婢。平居寬然，貌不自持，至其敢言自守，矯然壯者也。謝氏本姓任，自受氏至漢魏無顯者，而盛於晉宋之間。至公再世有名爵於朝，而四人皆以才稱於世。先人與公皆祥符八年進士，而公子景初等以歷官行事來曰："願有述也，將獻之太史。"謹撰次如右。謹狀。

第十一節　記

二九五，記者，所以記述古今事物之文，亦曰序、曰錄、曰題、曰志，皆記也。舉例如下。

柳宗元《游黃溪記》：

北之晉，西適豳，東極吳，南至楚越之交，其間名山水而州者以百數，永最善。環永之治百里，北至於浯溪，西至於湘之源，南至於瀧泉，東至於黃溪東屯。其間名山水而村者以百數，黃溪最善。黃溪拒[1]州治七十里，由東屯南行六百步，至黃神祠。祠之上，兩山牆立，如丹碧之華葉駢植，與山升降。其缺者為崖峭巖窟。水之中皆小石。

[1] "拒"當為"距"。——編者註

平布黃神之上，揭水八十步，至初潭，最奇麗，殆不可狀。其略若剖大甕，側立千尺，溪水卽焉，黛蓄膏渟，來若白虹，沈沈無聲。有魚數百尾，方來會石下。南去又行百步，至第二潭，石皆巍然臨峻流，若頦頷齗齶。其下大石離列，可坐飲食。有鳥赤首烏翼，大如鵠，方東嚮立。自是又南數里，地皆一狀，樹益壯，石益瘦，水鳴皆鏘然。又南一里，至大冥之川，山舒水緩，有土田。始黃神為人時居其地。傳者曰："黃神，王姓，莽之世也。莽既死，神更號黃氏，逃來，擇其深峭者潛焉。"始莽嘗曰："余唐虞之後也。"故號其女曰黃皇室主。黃與王聲相邇，而又有本，其所以傳言者益驗。神既居是，民咸安焉。以為有道，死乃俎豆之，為立祠。後稍徙近乎民，今祠在山陰溪水上。元和八年五月十六日，既歸為記，以啓後之好游者。

第十二節　箴

二九六，箴者，取有關品學之說，或先聖賢之格言以自警戒之文也。舉例如下。

韓愈《五箴》有序：

人患不知其過，既知之不能改，是無勇也。余生三十有八年，髮之短者日益白，齒之搖者日益脫，聰明不及於前時，道德日負於初心。其不至於君子而卒為小人也，昭昭矣！作《五箴》以訟其惡云。

遊箴

余少之時，將求多能，蚤夜以孜孜；余今之時，既飽而嬉，蚤夜以無為。嗚呼，余乎！其無知乎？君子之棄，而小人之歸乎？

言箴

不知言之人，烏可與言？知言之人，默焉而其意已傳。幕中之辯，人反以汝為叛；臺中之評，人反以汝為傾；汝不懲邪，而呶呶以害其生邪！

行箴

行與義乖，言與法違？後雖無害，汝可以悔。行也無邪，言也無頗，死而不死，汝悔而何？宜悔而休，汝惡曷瘳？宜休而悔，汝善安在？悔不可追，悔不可為。思而斯得、汝則弗思。

好惡箴

無善而好，不觀其道；無悖而惡，不詳其故。前之所好，今見其尤；從也為比，捨也為讎。前之所惡，今見其臧；從也為愧，捨也為狂。維讎維比，維狂維愧，於身不祥，於德不義。不義不祥，維惡之大。幾如是為，而不顛沛？齒之尚少，庸有不思，今其老矣，不慎胡為。

知名箴

內不足者，急於人知；霈焉有餘，厥聞四馳。今日告汝，知名之法：勿病無聞，病其曄曄。昔者子路，惟恐有聞，赫然千載，德譽愈尊。矜汝文章，負汝言語，乘人不能，揜以自取。汝非其父，汝非其師，不請而教，誰云不欺？欺以賈憎，揜以媒怨，汝曾不寤，以及於難。小人在辱，亦克知悔，及其既寧，終莫能戒，既出汝心，又銘汝前，汝如不顧，禍亦宜然？

第十三節　頌

二九七，頌者，頌揚功德之文也。舉例如下。

韓愈《子產不毀鄉校頌》:

我思古人，伊鄭之僑。以禮相國，人未安其教。遊于鄉之校，衆口囂囂。或謂子產毀鄉校則止，曰："何患焉？可以成美。夫豈多言，亦各其志：善也吾行，不善吾避；維善維否，我於此視。川不可防，言不可弭。下塞上聾，邦其傾矣。"既鄉校不毀，而鄭國以理。在周之興，養老乞言；及其已衰，謗者使監。成敗之迹，昭哉可觀。維是子產，執政之式。維其不遇，化止一國。誠率是道，相天下君；交暢旁達，施及無垠。於虖！四海所以不理，有君無臣。誰其嗣之？我思古人。

第十四節　贊

二九八，贊者，類於頌而不必為頌揚之文。史傳之後多有贊，其人不必賢良，其詞不必譽也。然通俗固皆以贊為譽詞矣。舉例如下。

（一）《史記·呂后本紀》索隱述贊：

高祖猶微，呂氏作妃。及正軒掖，尚私食其。志懷安忍，性狹猜疑。置鴆齊悼，殘彘戚姬。孝惠崩殞，其哭不悲。諸呂用事，天下示私。大臣葅醢，支孽芟夷。禍盈斯驗，蒼狗為菑。

（二）蘇軾《韓幹畫馬贊》：

韓幹之馬四：其一在陸，驤首奮鬣，若有所望，頓足而長鳴；其一欲涉，尻高首下，擇所由濟，跼蹐而未成；其二在水，前者反顧，若以鼻語，後者不應，欲飲而留行。以為廐馬也，則前無羈絡，後無箠策。以為野馬也，則隅目聳耳，豐臆細尾，皆中度程。蕭然如賢大夫貴公子相與解帶脫帽，臨水而濯纓，遂欲高舉遠引，友麋鹿而終天年，則不可得矣！蓋優哉游哉，聊以卒歲而無營。

（三）姚鼐《潘孝子贊》有序：

嘉定潘孝子，諱德馨，割肱以愈母疾，事在雍正四年。嘉慶十二年，其曾孫孝曾持錢可廬大昭所記事蹟來示，請為之傳。鼐讀可廬之記，既已詳盡，論復精當，是為傳已無以易之。乃為之贊。

子之事親，理有常變。親逮死亡，何擇何辨。志極身亡、眞性方見。懿哉孝子，割膺奉薦。誠動鬼神，危者安宴。感事悲傷。紀聞欣勸。

（注）上三例（一）為貶詞，（二）為記述而寓譽美之意，（三）為譽詞。而可知贊之所以為贊，或近於論，或近於記，或近於頌也。

第十五節　銘

二九九，銘者，所以表彰功德以誌不滅之文。小之於一器之微，大之若一人之言行、一國之功烈，皆可銘。亦曰文、曰誌，有別之曰碑者，則以其刻石為碑之銘也。茲綜銘之類，可別為五：（一）紀功銘；（二）古蹟銘；（三）箴銘；（四）墓銘；（五）器物銘。

（甲）紀功銘。

刻石紀功之文也。例如：

班固《封燕然山銘》：

惟永元元年秋七月，有漢元舅曰車騎將軍竇憲，寅亮聖皇，登翼王室，納于大麓，惟清緝熙。乃與執金吾耿秉，述職巡禦。治兵于朔方。鷹揚之校，螭虎之士，爰該六師，暨南單于，東胡烏桓，西戎氐羌，侯王君長之羣，驍騎十萬。元戎輕武，長轂四分，雷輜蔽路，萬有三千餘乘。勒以八陣，莅以威神，玄甲耀日，朱旗絳天。遂凌高闕，下雞鹿，經磧鹵，絕大漠，斬温禺以釁鼓，血尸逐以染鍔。然後四校橫徂，星流彗掃，蕭條萬里，野無遺寇。於是域滅區殫，反旆而旋，考傳驗圖，窮覽其山川。遂踰涿邪，跨安侯，乘燕然，躡冒頓之區落，焚老上之龍庭。將上以攄高，文之宿憤，光祖宗之玄靈；下以安固後嗣，恢拓境宇，振大漢之天聲。茲可謂一勞而久逸，暫費而永寧也，乃遂封山刋石，昭銘盛德。其辭曰：

鑠王師兮征荒裔，勦凶虐兮截海外。夐其邈兮亘地界，封神丘兮建隆嵑，熙帝載兮振萬世！

（乙）古蹟銘。

紀古代之建築或古人遺蹟而為之銘記之文也。例如：

張敏《劍閣銘》：

巖巖梁山，積石峩峩。遠屬荊衡，近綴岷嶓。南通卬僰，北達褒斜。狹過彭碣，高踰嵩華。惟蜀之門，作固作鎮。是曰劍閣，壁立千仞。窮地之險，極路之峻。世濁則逆，道清斯順。閉由往漢，開自有晉。秦得百二，幷吞諸侯。齊得十二，田生獻籌。矧茲狹隘，土之外區。一人荷戟，萬夫趑趄。形勝之地，匪親勿居。昔在武侯，中流而喜。山河之固，見屈吳起。興實在德，險亦難恃。洞庭孟門，二國不祀。自古迄今，天命匪易。憑阻作昏，鮮不敗績。公孫旣滅，劉氏銜璧。覆車之軌，無或重跡。勒銘山阿，敢告梁益。

（丙）箴銘。

銘之與箴同其用者也。例如：

崔瑗《座右銘》：

無道人之短，無說己之長。施人愼勿念，受施愼勿忘。世譽不足慕，唯仁為紀綱。隱心而後動，謗議庸何傷。無使名過實，守愚聖所臧。在涅貴不淄，曖曖內含光。柔弱生之徒，老氏誡剛強。行行鄙夫志，悠悠故難量。愼言節飲食，知足勝不祥。行之苟有恒，久久自芬芳。

（丁）墓銘。

以亡者之行狀為銘，或立於墓上，或埋之壙中之文也。或曰碑，或曰墓碑，或曰墓碣銘，或曰神道碑，或曰墓表，或曰墓誌銘，皆墓銘也。茲故一之，以碑及墓誌銘各舉一例如下。

（一）韓愈《清邊郡王楊燕奇碑》：

公諱燕奇，字燕奇，宏[1]農華陰人也。大父知古，祁州司倉；烈考文誨，天寶中實為平盧衙前兵馬使，位至特進檢校太子賓客，封宏農郡開國伯，世掌諸蕃互市，恩信著明，夷人慕之。祿山之亂，公年幾二十，進言於其父曰："大人守官，宜不得去；王室在難，某其行矣。"其父為之請於戎帥，遂率諸將校之子弟各一人，間道趨闕，變服詭行，日倍百里。天子嘉之，特拜左金吾衛大將軍員外置，賜勳上柱國。寶應二年春，詔從僕射田公平劉展，又從下河北。大曆八年，帥師納戎帥勉於滑州。九年，從朝於京師。建中二年，城汴州，功勞居多。三年，從攻李希烈，先登。貞元二年，從司徒劉公復汴州。十二年，與諸將執以城叛者，歸之於京師；事平，授御史大夫，食實封百戶，贈彩繒有加。十四年，年六十一，五月某日，終於家。自始命左金吾大將軍，凡十五遷為御史大夫，職為節度押衙右廂兵馬使兼馬軍先鋒兵馬使，階為特進，勳為上柱國，爵為清邊郡王；食虛邑自三百戶至三千戶，眞食五百戶終焉。公結髮從軍四十餘年，敵攻無堅，城守必完；履危蹈難，歔欷感發；乘機應會，捷出神怪；不畏義死，不榮幸生。故其事君無疑行，其事上無間言。初，僕射田公，其母隔於冀州，公獨請往迎之，經營賊城，出入死地，卒致其母。田公德之，約為父子，故公始姓田氏。田公終，而後復其族焉。嗣子通王屬良禎，以其年十月庚寅，葬公於開封縣魯陵岡，隴西郡夫人李氏祔焉。夫人

[1] 當爲"弘"。——編者註

清夷郡太守佑之孫，漁陽郡長史獻之女。柔嘉淑明，先公而殂。有男四人，女三人。後夫人，河南郡夫人雍氏，某官之孫，某官之女。有男一人、女二人，咸有至性純行。夫人同仁均養，親族不知異焉。君子於是知楊公之德又行於家也。銘曰：

烈烈大夫，逢時之虞。感泣辭親，從難於秦。惟茲爰始，遂勤其事。四十餘年，或裨或專。攻牢保危，爵位已躋。既明且慎，終老無騫。魯陵之岡，蔡河在側。烝烝孝子，思顯勳績。斲石於此，式垂後嗣。

（二）韓愈《尚書庫部郎中鄭君墓誌銘》：

君諱羣，字宏之，世為滎陽人。其祖於元魏時有假封襄城公者，子孫因稱以自別。曾祖匡時，晉州霍邑令。祖千尋，彭州九隴丞，父迪，鄂州唐年令，娶河南獨孤氏女，生二子，君其季也。以進士選吏部，考功所試判為上等，授正字。自縣鄠尉拜監察御史，佐鄂岳使。裴均之為江陵，以殿中侍御史佐其軍，均之徵也、遷虞部員外郎。均鎮襄陽，復以君為襄府左司馬刑部員外郎，副其支度使事。均卒，李夷簡代之，因以故職留君。歲餘，拜復州刺史，遷祠部郎中。會衢州無刺史，方選人，君願行，宰相即以君應詔。治衢五年，復入為庫部郎中。行及揚州，遇疾，居月餘，以長慶元年八月二十四日卒，春秋六十。即以其年十一月二十二日，從葬於鄭州廣武原先人之墓次。君天性和樂，居家事人，與待交遊，初持一心，未嘗變節，有所緩急曲直薄厚疏數也。不為翕翕熱，亦不為崖岸斬絕之行。俸祿入門，與其所過逢吹笙彈箏，飲酒舞歌，詼調醉呼，連日夜不厭，費盡不復顧問，或分挈以去，一無所愛惜，不為後日豪髮計留也。遇其空無時，客至清坐相看，或竟日不能設食，客主各自引退，亦不為辭謝。與之遊者，自少及老，未嘗見其言色若有憂歎者。豈列禦寇、莊周等所謂近於道者耶？其治官守身，又極謹慎，不挂於過差。去官而人民思之，身死而親故無所怨議，哭之皆哀，又可尚也。初娶吏部侍郎京兆韋肇女，生二女一男，長女嫁京兆韋詞，次嫁蘭陵蕭儹。後娶河南少尹趙郡李則女，生一女二男。其餘男二人四女人，皆幼。嗣子退思，韋氏生也。銘曰：

再鳴以文進途闢，佐三府治藹厥績。郎官郡守愈著白，洞然渾璞絕瑕讁。甲子一終反元宅。

（注）墓銘有後無韻文亦可稱銘者，《姚姬傳》云："古者，書旌柩前即謂之銘，不必有韻之文，始可稱銘。"例如：

（三）韓愈《殿中少監馬君墓誌銘》：

君諱繼祖，司徒贈太師北平莊武王之孫，少府監贈太子少傅諱暢之子。生四歲，以門功拜太子舍人。積三十四年，五轉而至殿中少監，年三十七以卒。有男八人，女二人。始余初冠，應進士，貢在京師，窮不自存，以故人稚弟拜北平王於馬前，王問而憐之，因得見於安邑里第。王軫其寒饑，賜食與衣。召二子使為之主，其季遇我特厚，少府監贈太子少傅者也。姆抱幼子立側，眉眼如畫，髮漆黑，肌肉玉雪可念，殿中君也。當是時，見王於北亭，尤高山深林鉅谷，龍虎變化不測，傑魁人也。退見少傅，翠竹碧梧，鸞鵠停峙，能守其業者也。幼子娟好靜秀，瑤環瑜珥，蘭茁其芽，稱其家兒也。後四五年，吾成進士，去而東遊，哭北平王於客舍。後十五六年，吾為尚書都官郎，分司東都，而分府少傅卒，哭之。又十餘年，至今，哭少監焉。嗚呼！吾未髦老，自始至今，未四十年，而哭其祖子孫三世，於人世何如也！人欲久不死，而觀居此世者，何也？

（戊）器銘。

造器而著其用，稱其德之文也。例如：

陸倕《新刻漏銘》：

夫自天觀象，昏旦之刻未分。治歷明時，盈縮之度無準。挈壺命氏，遠哉義用。揆景測辰，徼宮戒井，守以水火，分兹日夜。而司歷亡官，疇人廢業，孟陬殄滅，攝提無紀。衛宏載傳呼之節，較而未詳；霍融叙分至之差，詳而不密。陸機之賦，虛握靈珠；孫綽之銘，空擅崑玉。弘度遺篇，承天垂旨。布在方册，無彰器用。譬彼春華，同夫海棗。寧可以軌物字民，作範垂訓者乎？且今之官漏，出自會稽，積水違方，導流乖則。六日無辨，五夜不分，歲躔閹茂、月次姑洗。皇帝有天下之五載也，樂遷夏諺，禮變商俗，業類補天，功均柱地。河海夷晏，風雲律呂。坐朝晏罷，每旦晨興，屬傳漏之音，聽雞人之響。以為星火謬中，金水違用，時乖啓閉，箭異錙銖。爰命日官，草創新器。於是俯察旁羅，登臺升庫。則于地四，参以天一。建武遺蠹，咸和餘舛，金筒方員之制，飛流吐納之規，變律改經，一皆懲革。天監六年太歲丁亥，十月丁亥朔，十六日壬寅漏成進御，以考辰正晷，測表候陰。不謬圭撮，無乖黍累。又可以校運算之睽合，辨分天之邪正，察四氣之盈虛，課六歷之疎密。永世貽則，傳之無窮。赫矣焕乎，無得而稱也。昔嘉量微物，盤盂小器，猶其昭德記功，載在銘典。况入神之制，與造化合符；成物之能，與坤元等契。勳倍樞席，事百巾机。寧可使多謝曾水，有陋昆吾，金字不傳，錫書未勒者哉？乃詔小臣，為其銘曰：一暑一寒，有明有晦。神道無跡，天工罕代。乃置挈壺，是惟熙載。氣均衡石，晷正權概。世道交喪，禮術銷亡。遽遷水火，爭倒衣裳。擊刀舛次，聚木乖方。爰究爰度，特惟我皇。方壺外次，圓流內襲。洪殺殊等，高卑異級。靈虬承注，陰蟲吐噏。倏往忽來，鬼出神入。微若抽繭，逝如激電。耳不輟音，眼無留盼。銅史司刻，金徒抱箭。履薄非兢，臨深罔戰。授受靡諐，登臨弗爽。惟精惟一，可法可象。月不遁來，日無藏往。分以符契，至猶影響。合昏暮卷，蓂莢晨生。尚辨天意，猶測地情。況我神造，通幽洞靈。配皇等極，為世作程。

第十六節　哀弔文

三〇〇，哀弔文者，所以追悼哀祭之文。又析之為四種：（一）誄；（二）哀辭；（三）祭文；（四）弔文。

（甲）誄，哀死而述其行之辭。例如：

曹植《王仲宣誄》并序：

建安二十二年正月二十四日戊申，魏故侍中關內侯王君卒，嗚呼哀哉！皇穹神察，喆人是恃，如何靈祇，殲我吉士。誰謂不庸，早世即冥；誰謂不傷，華繁中零。存亡分流，夭遂同期，朝聞夕沒，先民所思。何用誄德，表之素旗；何以贈終，哀以送之。遂作誄曰：

猗歟侍中，遠祖彌芳，公高建業，佐武伐商。爵同齊魯，邦祀絕亡，流裔畢萬，勳績惟光。晉獻賜封，于魏之疆，天開之祚，末冑稱王。厥姓斯氏，條分葉散，世滋芳烈，揚聲秦漢。會遭陽九，炎光中矇，世祖撥亂，爰建時雍。三台樹位，履道是鍾，寵爵之加，匪惠惟恭。自君二祖，為光為龍，僉曰休哉，宜翼漢邦。或統太尉，或掌司空。百揆惟敘，五典克從，天靜人和，皇教遐通。伊君顯考，奕葉佐時，入管機密，朝政以治。出臨朔岱，庶績咸熙。君以淑懿，繼此洪基。既有令德，材技廣宣，強記洽聞，幽讚微言。文若春華，思若涌泉，發言可詠，下筆成篇。何道不洽，何藝不閑，棊局逞巧，博奕惟賢。皇家不造，京室隕顛，宰臣專制，帝用西遷。君乃羈旅，離此阻艱，翕然鳳舉，遠竄荊蠻。身窮志達，居鄙行鮮，振冠南嶽，濯纓清川，潛處蓬室，不干勢權。我公奮鉞，耀威南楚，荊人或違，陳戎講武。君乃義發，筭我師旅，高尚覇功，投身帝宇，斯言既發，謀夫是與。是與伊何，響我明德，投戈編鄀，稽顙漢北。我公實嘉，表揚京國，金龜紫綬，以彰勳則。勳則伊何，勞謙靡已，憂世忘家，殊略卓峙。乃署祭酒，與君行止，算無遺策，畫無失理，我王建國，百司俊乂。君以顯舉，秉機省闥，戴蟬珥貂，朱衣皓帶。入侍帷幄，出擁華蓋，榮曜當世，芳風晻藹。嗟彼東夷，憑江阻湖，騷擾邊境，勞我師徒。光光戎路，霆駭風徂，君侍華轂，輝輝王塗。思榮懷附，望彼來威，如何不濟，運極命衰。寢疾彌留，吉往凶歸，嗚呼哀哉！翩翩孤嗣，號慟崩摧，發軫北魏，遠迄南淮，經歷山河，泣涕如頹。哀風興感，行雲徘徊，游魚失浪，歸鳥忘栖，嗚呼哀哉！吾與夫子，義貫丹青，好和琴瑟，分過友生。庶幾遐年，携手同征，如何奄忽，棄我夙零。感昔宴會，志各高厲，予戲夫子，金石難弊。人命靡常，吉凶異制，此驩之人，孰先殞越？何寤夫子，果乃先逝，又論死生，存亡數度。子猶懷疑，求之明據，儻獨有靈，游魂泰素。我將假翼，飄颻高舉，超登景雲，要子天路。喪柩既臻，將反魏京，靈轜迴軌，白驥悲鳴。虛廓無見，藏景蔽形，孰云仲宣，不聞其聲。延首歎息，雨泣交頸，嗟乎夫子，永安幽冥。人誰不歿，達士徇名，生榮死哀，亦孔之榮。嗚呼哀哉！

（乙）哀辭，紓哀而弔之之辭，亦有同於誄者，在婦曰悼。例如：

韓愈《獨孤申叔哀辭》：

衆萬之生，誰非天邪？明昭昏蒙，誰使然邪？行何為而怒，居何故而憐邪？胡喜厚其所可薄，而恆不足於賢邪？將下民之好惡與彼蒼懸邪，抑蒼茫無端而暫寓其間邪？死者無知，吾為子慟而已矣。如有知也，子其自知之矣。濯濯其英，曄曄其光。如聞其聲，如見其容。

嗚呼遠矣，何日而忘！

（丙）祭文，祭而告之之文，亦曰祝。例如：

韓愈《祭河南張員外文》：

貞元十九，君為御史。余以無能，同詔並跱。君德渾剛，摽高揭己。有不吾如，唾猶泥滓。余戇而狂，年未三紀。乘氣加人，無挾自恃。彼婉孌者，實憚吾曹；側肩帖耳，有舌如刀。我落陽山，以尹鼯猱。君飄臨武，山林之牢。歲弊寒兇，雪虐風饕。顛於馬下，我泗君咷。夜息南山，同臥一席。守隸防夫，觝頂交跖。洞庭漫汗，粘天無壁。風濤相豗，中作霹靂。追程盲進，颿船箭激。南上湘水，屈氏所沈。二妃行迷，淚蹤染林。山哀浦思，鳥獸叫音。余唱君和，百篇在吟。君止於縣，我又南踰。把醆相飲，後期有無。期宿界上，一又相語。自別幾時，遽變寒暑。枕臂欹眠，加余以股。僕來告言，虎入廄處。無敢驚逐，以我騾去。君云是物，不駿於乘。虎取而往，來寅其徵。我預在此，與君俱膺。猛獸果信，惡禱而憑。余出嶺中，君竢州下；偕掾江陵，非余望者。郴山奇變，其水清寫；泊沙倚石，有遻無捨。衡陽放酒，熊咆虎嗥。不存令章，罰籌蝟毛。委舟湘流，往觀南嶽。雲壁潭潭，穹林攸擢。避風太湖，七日鹿角。鉤登大鮎，怒頰豕豞。臠盤炙酒，群奴餘啄。走官階下，首下尻高。下馬伏塗，從事是遭。予徵博士，君以使已。相見京師，過願之始。分教東生，君掾雍首。兩都相望，於別何有。解手背面，遂十一年。君出我入，如相避然。生闊死休，吞不復宣。刑官屬郎，引章訐奪。權臣不愛，南昌是斡。明條謹獄，氓獠戶歌。用遷澧浦，為人受瘥。還家東都，起令河南。屈拜後生，憤所不堪。屢以正免，身伸事蹇。竟死不升，孰勸為善！丞相南討，余辱司馬。議兵大梁，走出洛下。哭不憑棺，奠不親斝。不撫其子，葬不送野。望君傷懷，有隕如瀉。銘君之績，納石壤中。爰及祖考，紀德事功。外著後世，鬼神與通。君其奚憾，不余鑑衷。嗚呼哀哉，尚饗。

（丁）弔文，緬懷古人而弔之之文也。例如：

賈誼《弔屈原文》：

誼為長沙王太傅，既以謫去，意不自得，及渡湘水，為賦以弔屈原。屈原，楚賢臣也，被讒放逐，作《離騷賦》。其終篇曰："已矣哉，國無人兮莫我知也。"遂自投汨羅而死。誼追傷之，因自喻，其辭曰：恭承嘉惠兮，俟罪長沙。側聞屈原兮，自沈汨羅。造託湘流兮，敬弔先生。遭世罔極兮，乃殞厥身。嗚呼哀哉，逢時不祥！鸞鳳伏竄兮，鴟梟翔翱。闒茸尊顯兮，讒諛得志。賢聖逆曳兮，方正倒植。世謂隨夷為溷兮，謂跖蹻為廉。莫邪為鈍兮，鉛刀為銛。吁嗟默默，生之無故兮。斡棄周鼎，寶康瓠兮。騰駕罷牛，驂蹇驢兮。驥垂兩耳，服鹽車兮。章甫薦履，漸不可久兮。嗟苦先生，獨罹此咎兮。訊曰：已矣，國其莫我知兮，獨壹鬱其誰語？鳳漂漂其高逝兮，固自引而遠去。襲九淵之神龍兮，沕深潛以自珍。偭蟂獺以隱處兮，夫豈從蝦與蛭螾。所貴聖人之神德兮，遠濁世而自藏。使騏驥可得係而羈兮，豈云異夫犬羊。般紛紛其離此尤兮，亦夫子之故也。歷九州而相其君兮，何必懷此都也。鳳凰翔于千仞兮，覽德耀而下之。見細德之險徵兮，遙曾擊而去之。彼尋常之汙瀆兮，豈能容夫吞舟之巨魚？橫江湖之鱣鯨兮，固將制於螻蟻。

第十七節　詞

三〇一，歌者，以中心所蘊蓄之感被於聲音之辭。文之變而詩之所祖也。始於《尚書》，如《元首股肱之歌》《五子之歌》是也。例從略。

第十八節　詩

三〇二，詩者，興感歌詠之文，《詩經》三百篇是也。以體言，曰賦、曰比、曰興。以類言，曰風、曰雅、曰頌。《三百篇》以後，降而為樂府，古今體詩：曰五古、曰七古、曰五律、曰七律、曰五絕、曰七絕。古詩亦曰古風、曰歌、曰曲、曰行。詩之餘曰詞。皆離於文而各自有其格律。茲從略。

第十九節　騷

三〇三，騷者，詩歌之變體而不離於文，辭賦之始而發紓情感之文也。楚人多善之，故亦曰楚辭。例如：

屈原《九章》之一《惜誦》：

惜誦以致愍兮，發憤以抒情。所非忠而言之兮，指蒼天以為正。令五帝以折中兮，戒六神與嚮服。俾山川以備御兮，命咎繇使聽直。竭忠誠而事君兮，反離羣而贅肬。忘儇媚以背衆兮，待明君其知之。言與行其可迹兮，情與貌其不變。故相臣莫若君兮，所以證之不遠。吾誼先君而後身兮，羌衆人之所仇也。專惟君而無他兮，又衆兆之所讎也。壹心而不豫兮，羌不可保也。疾親君而無他兮，有招禍之道也。思君其莫我忠兮，忽忘身之賤貧。事君而不貳兮，迷不知寵之門。忠何辜以遇罰兮，亦非余之所志也。行不羣以顛越兮，又衆兆之所咍也。

紛逢尤以離謗兮，謇不可釋也。情沈抑而不達兮，又蔽而莫之白也。心鬱悒余侘傺兮，又莫察余之中情。固煩言不可察而詒兮，願陳志而無路。退靜默而莫余知兮，進號呼又莫余聞。申侘傺之煩惑兮，中悶瞀之忳忳。昔余夢登天兮，魂中道而無杭。吾使厲神占之兮，曰有志及而無旁。終危獨以離異兮，曰君可思而不可恃。故衆口其鑠金兮、初若是而逢殆。懲熱羹而吹韲兮，何不變此志也。欲釋階而登天兮，猶有曩之態也。衆駭遽以離心兮，又何以為此伴也。同極而異路兮，又何以為此援也。晉申生之孝子兮，父信讒而不好。行婞直而不豫兮，鮌功用而不就。吾聞作忠以造怨兮，忽謂之過言。九折臂而成醫兮，吾至今乃知其信然。矰弋機而在上兮，罻羅張而在下。設張辟以娛君兮，願側身而無所。欲儃佪以干傺兮，恐重患而離尤。欲高飛而遠集兮，君罔謂女何之。欲橫奔而失路兮，蓋堅志而不忍。背膺牉合以交痛兮，心鬱結而紆軫。擣木蘭以矯蕙兮，糳申椒以為糧。播江離與滋菊兮，願春日以為糗芳。恐情質之不信兮，故重著以自明。撟茲媚以私處兮、願曾思而遠身。

第二十節　賦

三〇四，賦者，騷之變體，歌詠有韻，義在託諷之文，亦曰辭。舉例如下。

宋玉《神女賦》：

楚襄王與宋玉游於雲夢之浦，使玉賦高唐之事。其夜王寢，夢與神女遇，其狀甚麗，王異之。明日，以白玉。玉曰："其夢若何？"王曰："晡夕之後，精神怳忽，若有所喜，紛紛擾擾，不知何意？目色髣髴，乍若有記：見一婦人，狀甚奇異，寐而夢之，寤不自識。罔兮不樂，悵然失志。於是撫心定氣，復見所夢。”玉一本作王曰：“狀何如也？”王一本作玉曰：“茂矣美矣，諸好備矣。盛矣麗矣，難測究矣。上古既無，世所未見，瓌姿偉態，不可勝讚。其始來也，耀乎若白日初出照屋梁；其少進也，皎若明月舒其光。須臾之間，美貌横生：曄兮如華，温乎如瑩。五色並馳，不可殫形。詳而視之，奪人目精。其盛飾也，則羅紈綺繢盛文章，極服妙采照萬方。振繡衣，被袿裳，襛不短，纖不長，步裔裔兮曜殿堂，忽兮改容，婉若游龍乘雲。翔嫷被服，俛薄裝，沐蘭澤，含芬芳，性和適，宜侍旁，順序卑，調心腸。”王曰：“若此盛矣。試為寡人賦之。”玉曰：“唯唯。”夫何神女之姣麗兮，含陰陽之渥飾。被華藻之可好兮，若翡翠之奮翼。其象無雙，其美無極。毛嬙鄣袂，不足程式；西施掩面，比之無色。近之既妖，遠之有望。骨法多奇，應君之相。視之盈目，孰者克尚。私心獨悦，樂之無量。交希恩疏，不可盡暢。他人莫覩，王覽其狀。其狀峨峨，何可極言。貌豐盈以莊姝兮，苞温潤之玉顏。眸子烱其精朗兮，瞭多美而可觀。眉聯娟以蛾揚兮，朱脣的其若丹。素質幹之醲實兮，志解泰而體閑。既姽嫿於幽靜兮，又婆娑乎人間。宜高殿以廣意兮，翼放縱而綽寬。動霧縠以徐步兮，拂墀聲之珊珊。望余帷而延視兮，若流波之將瀾。奮長袖以正衽兮，立躑躅而不安。澹清靜其愔嫕兮，性沈詳而不煩。時容與以微動兮，志未可乎得原。意似近而既遠兮，若將來而復旋。褰余幬而請御兮，願盡心之惓惓。懷貞亮之潔清兮，卒與我乎相難。陳嘉辭而云對兮，吐芬芳其若蘭。精交接以來往兮，心凱康以樂歡。神獨亨而未結兮，魂煢煢以無端。含然諾其不分兮，喟揚音而哀歎。頩薄以怒自持兮，曾不可乎犯干。於是摇珮飾，鳴玉鸞，整衣服，斂容顏，顧女師，命太傅。歡情未接，將辭而去。遷延引身，不可親附。似逝未行，中若相首。目略微眄，精彩相授。志態横出，不可勝記。意離未絕，神心怖覆。禮不遑訖，辭不及究。願假須臾，神女稱遽。迴腸傷氣，顛倒失據。闇然而冥，忽不知處。情獨私懷，誰者可語。惆悵垂涕，求之至曙。

第二十一節　小說

三〇五，小說者，或為野史，或為佚聞，或為寓言，或為諧談，被之記載之文也。以體言，有作文言者、有作語體者、有文語合者。以類言，約得四類：（一）筆記；（二）章回；（三）傳奇；（四）彈詞。分述如下。

（甲）筆記類。此類以文言為多，集多事為錄，不僅記一事者也，如《聊齋志異》《閱薇[1]草堂筆記》《諧鐸》《子不語》之類。但亦有僅以一事為標題者，如漢唐人小說之《趙飛燕外傳》《楊太眞外傳》《梅妃外傳》《高力士外傳》之類，則近於傳之小說也。

（乙）章回類。此類文言、語體皆有之，大都以一題為綱，而以回別綜合其細目者也。其例始於《宣和遺事》，其書雖僅分集，即所謂章也。此後則皆為分回。文言如《三國演義》《列國志》之類，語體如《儒林外史》《水滸傳》《紅樓夢》之類，是也。

（丙）傳奇類。此類文、語兼用之，有曲焉、有白焉，曲則近乎詩歌，白則語體也。可以被之管弦，演為戲劇，如《西廂記》《長生殿》《臨川四夢》《燕子箋》《桃花扇》之類及元人雜劇院本，是也。

（丁）彈詞類。此類為長短言，似韻非韻，亦文亦語之辭。亦可

[1] 當爲“微”。——編者註

被之管弦，施之歌唱，亦曰鼓詞。如《天雨花》《鳳雙飛》及木皮道人《鼓兒詞》之類、是也。

編後記

吴瀛（1891～1959 年），字景洲，江蘇常州人，其父吴稚英曾為晚清洋務派著名領袖張之洞的幕僚，其子吴祖光為中國現代著名劇作家、導演，兒媳為著名評劇演員新鳳霞，其孫為現代著名文化人吴歡。景洲先生之外祖家曾有一位對中國近現代文化產生過重大影響的先祖：乾隆帝師、今文經學的首創者——莊存與，後來的魏源、龔自珍、康有為、梁啟超等人都受其深刻影響，他堪稱中國現代文化最早的啓蒙者。吴景洲先生很早便以詩文書畫聞名於世，又精於篆刻和古文物鑒賞，可謂博古通今、學貫中西。景洲先生年輕時曾受故宫博物院首任院長易培基的之邀，參與了對清室財產的清點和故宫博物院的創建工作，隨後擔任常務委員和古物審查委員會專門委員，并主編《故宫書畫集》、《故宫週刊》。1931 年后，由於戰爭局勢加劇，故宫博物院決定將部分重要文物南遷，景洲先生臨危受命，擔任首批南遷文物監運員。

《中國國文法》對於清末民初時期文言文過渡到白話文起到了重要作用。全書包括論字、釋句和辨文三部分內容。第一部分將字的種類界定為七種，舉古書中的各種例子加以論證，並著重對《孟子》一書的語言現象進行分析；第二部分對句讀和辭分類，并詳加論述；第三部分包括文體之別與文類之別兩部分內容，作者分別從文體和文類上對文章進行分類，并分別舉例詳加說明。此外，全書每章之後都附有練習題。《中國國文法》是中國語言和語法發展歷程中一部重要的文法教材，在很大程度上影響了民国時期的語文教學，是我們了解民國時期中國語法發展狀況的重要參考資料。

本社此次以商务印书馆 1930 年印行的《中国国文法》為底本進行整理。底本原為一至三卷，此次整理將三卷合併為一本，以更直觀地體現各卷之間的聯繫及全書的整體性。在具體的整理過程中：首先，將底本的豎排版式轉換為橫排版式；其次，在語言文字方面，尤其是與今有異之處，均保持底本原貌，以尊重本書的價值；再次，底本中的標點以頓號和句號為主，為便於讀者閱讀和理解，此次整理中均依現代漢語標點符號規則進行梳理，特別是底本中涉及書籍時並無書名號，現均依當今的閱讀習慣加以書名號；最後，對於原書中偶有的錯誤，無論其為作者之誤還是印刷之誤，均以“編者註”的形式進行修正或解釋，最大可能地消除讀者的困惑。

文　茜

二零一二年九月

《民國文存》第一輯書目

紅樓夢附集十二種	徐復初
萬國博覽會遊記	屠坤華
國學必讀（上）	錢基博
國學必讀（下）	錢基博
中國寓言與神話	胡懷琛
文選學	駱鴻凱
中國書史	查猛濟、陳彬龢
林紓筆記及選評兩種	林紓
程伊川年譜	姚名達
左宗棠家書	許嘯天句讀、胡翼雲校閱
積微居文錄	楊樹達
中國文字與書法	陳彬龢
中國六大文豪	謝無量
中國學術大綱	蔡尚思
中國僧伽之詩生活	張長弓
中國近三百年哲學史	蔣維喬
段硯齋雜文	沈兼士
清代學者整理舊學之總成績	梁啟超
墨子綜釋	支偉成
讀淮南子	盧錫烴

國外考察記兩種	傅芸子、程硯秋
古文筆法百篇	胡懷琛
中國文學史	劉大白
紅樓夢研究兩種	李辰冬、壽鵬飛
閒話上海	馬健行
老學蛻語	范禕
中國文學史	林傳甲
墨子閒詁箋	張純一
中國國文法	吳瀛
《四書》《周易》解題及其讀法	錢基博
老莊研究兩種	陳柱、顧實
清初五大師集（卷一）·黃梨洲集	許嘯天整理
清初五大師集（卷二）·顧亭林集	許嘯天整理
清初五大師集（卷三）·王船山集	許嘯天整理
清初五大師集（卷四）·朱舜水集	許嘯天整理
清初五大師集（卷五）·顏習齋集	許嘯天整理
文學論	[日]夏目漱石著、張我軍譯
經學史論	[日]本田成之著、江俠庵譯
經史子集要略	羅止園
古代詩詞研究三種	胡樸安、賀楊靈、徐珂
古代文學研究三種	張西堂、羅常培、呂思勉
巴拿馬太平洋萬國博覽會要覽	李宣龔
國史通略	張震南
先秦經濟思想史二種	甘乃光、熊簪
三國晉初史略	王鍾麒
清史講義（上）	汪榮寶、許國英
清史講義（下）	汪榮寶、許國英

清史要略	陳懷
中國近百年史要	陳懷
中國近百年史	孟世傑
中國近世史	魏野疇
中國歷代黨爭史	王桐齡
古書源流（上）	李繼煌
古書源流（下）	李繼煌
史學叢書	呂思勉
中華幣制史（上）	張家驤
中華幣制史（下）	張家驤
中國貨幣史研究二種	徐滄水、章宗元
歷代屯田考（上）	張君約
歷代屯田考（下）	張君約
東方研究史	莫東寅
西洋教育思想史（上）	蔣徑三
西洋教育思想史（下）	蔣徑三
人生哲學	杜亞泉
佛學綱要	蔣維喬
國學問答	黃筱蘭、張景博
社會學綱要	馮品蘭
韓非子研究	王世琯
中國哲學史綱要	舒新城
中國古代政治哲學批判	李麥麥
教育心理學	朱兆萃
陸王哲學探微	胡哲敷
認識論入門	羅鴻詔
儒哲學案合編	曹恭翊

荀子哲學綱要	劉子靜
中國戲劇概評	培良
中國哲學史（上）	趙蘭坪
中國哲學史（中）	趙蘭坪
中國哲學史（下）	趙蘭坪
嘉靖禦倭江浙主客軍考	黎光明
《佛遊天竺記》考釋	岑仲勉
法蘭西大革命史	常乃悳
德國史兩種	道森、常乃悳
中國最近三十年史	陳功甫
近百年外交失敗史（1840～1928）	徐國楨
最近中國三十年外交史	劉彥
日俄戰爭史	呂思勉、郭斌佳、陳功甫
老子概論	許嘯天
被侵害之中國	劉彥
日本侵華史兩種	曹伯韓、汪馥泉
馮承鈞譯著兩種	伯希和、色伽蘭
金石目錄兩種	李根源、張江裁、許道令
晚清中俄外交兩例	常乃悳、威德、陳勛仲
美國獨立建國	商務印書館編譯所、宋桂煌
不平等條約的研究	張廷灝、高爾松
中外文化小史	常乃悳、梁冰弦
中外工業史兩種	陳家錕、林子英、劉秉麟
中國鐵道史（上）	謝彬
中國鐵道史（下）	謝彬
中國之儲蓄銀行史（上）	王志莘
中國之儲蓄銀行史（下）	王志莘

史學史三種	羅元鯤、呂思勉、何炳松
近世歐洲史（上）	何炳松
近世歐洲史（下）	何炳松
西洋教育史大綱（上）	姜琦
西洋教育史大綱（下）	姜琦
歐洲文藝雜談	張資平、華林
楊墨哲學	蔣維喬
新哲學的地理觀	錢今昔
德育原理	吴俊升
兒童心理學綱要（外一種）	艾華、高卓
哲學研究兩種	曾昭鐸、張銘鼎
洪深戲劇研究及創作兩種	洪深
社會學問題研究	鄭若谷、常乃悳
白石道人詞箋平（外一種）	陳柱、王光祈
成功之路：現代名人自述	徐悲鴻等
蘇青與張愛玲：文壇逸站	白鷗
文壇印象記	黃人影
宋元戲劇研究兩種	趙景深
上海的日報與定期刊物	胡道静
上海新聞事業之史話	胡道静
人物品藻錄	鄭逸梅
賽金花故事三種	杜君謀、熊佛西、夏衍
湯若望傳（第一冊）	[德]魏特著、楊丙辰譯
湯若望傳（第二冊）	[德]魏特著、楊丙辰譯
摩尼教與景教流行中國考	馮承鈞
楚詞研究兩種	謝無量、陸侃如
古書今讀法（外一種）	胡懷琛、胡朴安、胡道静

黃仲則詩與評傳	朱建新、章衣萍
中國文學批評論文集	葉楚傖
名人演講集	許嘯天
印度童話集	徐蔚南
日本文學	謝六逸
齊如山劇學研究兩種	齊如山
俾斯麥（上）	[德]盧特維喜著、伍光建譯
俾斯麥（中）	[德]盧特維喜著、伍光建譯
俾斯麥（下）	[德]盧特維喜著、伍光建譯
中國現代藝術史	李樸園
藝術論集	李樸園
西北旅行日記	郭步陶
新聞學撮要	戈公振
隋唐時代西域人華化考	何健民
中國近代戲曲史	鄭震
詩經學與詞學 ABC	金公亮、胡雲翼
文字學與文體論 ABC	胡朴安、顧藎丞
目錄學	姚名達
唐宋散文選	葉楚傖
三國晉南北朝文選	葉楚傖
論德國民族性	[德]黎耳著，楊丙辰譯
梁任公語粹	許嘯天選輯
中國先哲人性論	江恆源
青年修養	曹伯韓
青年學習兩種	曹伯韓
青年教育兩種	陸費逵、舒新城
過度時代之思想與教育	蔣夢麟

我和教育	舒新城
社會與教育	陶孟和
國民立身訓	謝無量
讀書與寫作	李公樸
白話書信	高語罕
文章及其作法	高語罕
作文講話	章衣萍
實用修辭學	郭步陶
版本通義・古籍舉要	錢基博
中國戲劇概評	向培良
現代文學十二講	[日]昇曙夢著、汪馥泉譯